THÉATRE
DE CAMPAGNE

Il a été tiré de cet ouvrage 5o exemplaires numérotés sur papier vergé.

THÉATRE DE CAMPAGNE

*Ernest Legouvé — Henri Meilhac
Henri de Bornier
Ernest d'Hervilly — Jacques Normand
Prosper Chazel — Charles Edmond*

PRÉFACE
DE M. E. LEGOUVÉ

De l'Académie française

PARIS

PAUL OLLENDORFF, ÉDITEUR

28 bis, RUE DE RICHELIEU

1876

La plupart des pièces qui composent ce recueil ont déjà paru dans le journal *Le Temps* et c'est à la bienveillance du directeur de ce journal, M. A. Hébrard, que nous devons de pouvoir les publier sous le titre de *Théâtre de Campagne*, qui leur a déjà si bien réussi. Nous sommes heureux de lui en exprimer ici toute notre reconnaissance. Comme préface à ce volume, nous publions la lettre adressée par M. Legouvé à M. Hébrard, dans laquelle l'éminent écrivain expose l'idée du *Théâtre de Campagne*.

PRÉFACE

UN THÉATRE DE CAMPAGNE

AU DIRECTEUR DU *Temps*.

Me permettrez-vous, mon cher monsieur Hébrard, de vous soumettre sous ce titre, Théâtre de Campagne, *une idée qui, bien mise en œuvre, pourrait, je crois, agréer à vos lecteurs.*

Le théâtre est une de nos gloires; le goût du théâtre, une de nos passions. Nous aimons le théâtre à tous les âges, à tous les degrés, dans toutes les conditions, sous toutes les formes. Auteurs, acteurs, spectateurs, nous nous plaisons également à faire, à jouer et à voir jouer des comédies. Qui alimente les deux mondes de pièces de théâtre? Paris! Paris est l'imagination dramatique de l'Europe. Quel est le plaisir le plus vif de notre population ouvrière? Le spectacle. De notre petite bourgeoisie? Le spectacle. De nos commerçants et de nos classes lettrées ? Le spectacle. Quant à nos acteurs, ils semblent avoir pour patrie tous les pays civilisés : il y a un théâtre français à Saint-Pétersbourg, un théâtre français à Londres, un théâtre français au Caire, un théâtre français en Italie. Je ne puis me rappeler sans émotion qu'après la guerre de 1870, c'est à nos artistes de la Comédie-Française que nous avons dû le premier témoignage public d'une sympathie étrangère. Oui ! c'est M. Delaunay et M. Got, c'est M. Coquelin et Mlle Favart qui, transportant à Londres, pendant la Commune, notre répertoire ancien et moderne, amenèrent lord Granville à porter un toast au double génie dramatique de notre nation. Faible hommage, sans doute ! mais c'était la première fois que nous entendions depuis dix mois le mot de gloire associé au nom de la France, et je ne l'ai pas oublié.

Notre goût pour l'art théâtral est tel, que nous n'en abandonnons pas l'exercice aux seuls artistes qui en font profession. Au siége de Sébastopol, comment nos soldats se consolèrent-ils des privations et oublièrent-ils les obus ? En jouant la comédie ! Nos zouaves en Algérie installaient un théâtre sous la tente. Pendant le premier empire, nos prisonniers avaient organisé sur les pontons d'Angleterre une troupe, un répertoire et une salle de spectacle ! Chose plus frappante ! Quand nos grands artistes de profession sont en plein et continuel travail, que font-ils, s'ils se réunissent entre eux pour quelque fête? Ils jouent la comédie! Ainsi en usaient Samson, Firmin, Mme Allan, Mlle Mars. A peine libres comme acteurs, ils s'engageaient comme amateurs, jouant par plaisir quand ils ne jouaient pas par état. Enfin, dernier détail caractéristique! le monde aristocratique est peut-être de toutes les classes de la société parisienne, celle qui fournit le moins de spectateurs aux divers spectacles; eh bien, c'est celle où l'on joue le plus la comédie... Le faubourg Saint-Germain a tout un personnel charmant de célébrités artistiques, parmi lesquelles figurent même des princesses. Aussi, à peine l'automne, les chasses et les vacances ont-ils rempli les châteaux et les villas, que le premier mot qui sort de toutes ces bouches de jeunes gens et de jeunes femmes, est celui-ci : Si nous jouions la comédie! Soudain voilà les imaginations en éveil. On fait appel à tous les souvenirs, on énumère tous les répertoires; on passe du Théâtre-Français au théâtre du Palais-Royal; on écrit à Paris! On fait venir une cargaison de chez Michel Lévy! La caisse arrive! on l'ouvre! on lit! Mais à mesure qu'on lit, l'embarras commence. Quelle pièce choisir? L'une est trop longue, l'autre a trop de personnages! En voilà une charmante, mais elle est trop triste! Prenons celle-ci! Non, elle est trop gaie!

Puis la difficulté de la mise en scène ! puis la question du costume ! Puis le souvenir toujours effrayant des acteurs qui ont créé ces rôles ! Le temps s'écoule, les obstacles s'accumulent, les imaginations se refroidissent, et au bout du mois qu'a t-on fait ? On a cherché.

Voilà ce qui m'a conduit, mon cher monsieur Hébrard, à vous proposer d'ouvrir dans le Temps un Théâtre de campagne, c'est-à-dire de demander à quelques auteurs dramatiques une suite de pièces courtes, faciles à monter, à la fois agréables et honnêtes, de façon que toutes les oreilles puissent les entendre, et que toutes aussi aient plaisir à les écouter. L'entreprise est moins difficile qu'elle n'en a l'air. Je ne sais pas d'auteur dramatique, même en renom, qui n'ait dans sa tête ou dans son portefeuille quelque idée de pièce qu'il regrette de ne pouvoir mettre au théâtre. Qui donc l'en empêche ? C'est tantôt le peu d'étendue de son sujet qui ne comporte que quelques scènes; tantôt sa simplicité, parfois même la délicatesse et la finesse de son idée; il a peur pour elle de la grandeur d'une salle de spectacle, il craint que, comme certains parfums qui s'évanouissent si on ne les respire pas de tout près, son œuvre ne disparaisse dans le lointain d'une décoration, ou ne s'alourdisse s'il veut lui donner le relief d'une véritable pièce. Mais, au contraire, placez-la dans l'horizon plus restreint d'un salon, et *la voilà qui rentre dans son cadre, qui reprend sa physionomie et peut-être, oserai-je le dire? qui trouve ses plus naturels interprètes.*

Je touche là un point assez délicat. Personne plus que moi ne connaît et ne reconnaît l'immense intervalle qui sépare l'artiste véritable de l'amateur le plus distingué. Pourtant lorsqu'un amateur est né artiste, lorsqu'il a reçu du ciel l'influence secrète, le don, la goutte de lumière, il porte parfois dans le chant, dans la danse, dans la comédie, je ne sais quel charme, quel abandon qui peut faire envie à la perfection même. Un vieux maître de chant italien disait d'une jeune femme, son élève: « Elle n'aime pas la mousique, c'est la mousique qui l'aime! » *Ce mot peint à merveille ces créatures privilégiées, ces talents involontaires qui ne connaissent pas l'effort, et dont la grâce indéfinissable, faite à moitié d'inexpérience, d'inconscience, voire parfois de négligence, semble créée tout exprès pour l'interprétation de certaines œuvres délicates et légères. Notre théâtre de campagne éveillera, nous l'espérons, plus d'une de ces vocations ignorées : les jeunes femmes du monde s'y trouveront comme chez elles, puisque ce sera la peinture de leur monde; les mères, jeunes encore, s'y engageront à leur tour, pour y introduire, à une place modeste, leurs prochains-volontaires d'un an; elles y trouveront l'occasion d'apprendre à leurs fils à entrer dans un salon, à parler à une femme, à savoir se servir sans gaucherie de leurs bras et de leurs jambes, à acquérir une diction nette et juste ; notre théâtre prend ainsi un petit côté d'utilité qui ne messied pas à un journal comme le vôtre, et ej ne sais quel air de* baccalauréat scindé *amusant, qui plaira aux parents sans déplaire aux enfants.*

E. Legouvé.

MA FILLE ET MON BIEN

Comédie en deux Tableaux

Par M. ERNEST LEGOUVÉ

Cette petite comédie est tirée d'un morceau lu par M. Legouvé
à l'Académie, sous le titre : *A propos d'une dot*.

PERSONNAGES

DESGRANGES.
HENRI.
BOYER.
MADAME DESGRANGES.
MADELEINE.
UN DOMESTIQUE.

MA FILLE ET MON BIEN

PREMIER TABLEAU

La scène se passe à Villeneuve-Saint-Georges, chez M. Desgranges.

SCÈNE PREMIÈRE

MADAME DESGRANGES, MADELEINE, HENRI.

(Madeleine et Henri entourent Mme Desgranges, en la suppliant.)

MADELEINE

Maman!

HENRI

Belle-maman!

MADELEINE

Ma petite maman!

MADAME DESGRANGES

Maman!... Belle-maman!... Mais je ne demande pas mieux que de vous marier, moi! (*Les regardant.*) Vous êtes si gentils tous les deux!... Regardez-moi un peu. Comme ces quatre yeux-là vont bien ensemble!... (*A part.*) Et quels jolis petits enfants cela me donnera!...

MADELEINE

Quoi, maman ?

MADAME DESGRANGES

(*Haut.*) Rien ! rien ! Je dis seulement que ce n'est pas moi qu'il faut attendrir ! (*A Madeleine.*) C'est ton père !... (*A Henri.*) Ou le vôtre !... Deux entêtés qui ne veulent pas céder... (*A Henri.*) Voyons !... Relisez-moi la lettre de M. Grandval.

HENRI, lisant.

« Non ! mon cher Henri, non ! Je ne céderai pas. Je n'ai qu'une petite fortune, il faut que tu trouves une grosse dot. Je ne donnerai mon fils qu'à une demoiselle de deux cent mille francs. »

MADAME DESGRANGES

Et M. Desgranges qui a juré de son côté de ne donner que cent mille francs à Madeleine.

MADELEINE

Oh ! d'abord, si je n'épouse pas Henri, je sens que je vais tomber malade.

MADAME DESGRANGES, éperdue.

Tomber malade !... Toi !... Oh bon ! bon Dieu !... Voyons, ne te fais pas de mal... ma petite fille ! (*A Henri.*) Mais parlez-lui donc !... Vous !

HENRI

Que voulez-vous que je lui dise, quand j'ai autant de chagrin qu'elle !...

MADAME DESGRANGES

Bon ! Voilà qu'il pleure aussi de son côté !... Voyons mes petits enfants !... Soyez raisonnables ! Vous savez bien que si cela dépendait de moi, je vous donnerais tout, que je me dépouillerais de tout!

HENRI

Vous êtes si bonne!

MADAME DESGRANGES

Trop bonne!... Mais M. Desgranges! un commerçant retiré! C'est différent. Et dès qu'il s'agit de sa caisse!

HENRI

M. Desgranges paraît pourtant le meilleur des hommes.

MADAME DESGRANGES

Il l'est! même généreux... de temps en temps... quand quelque chose l'attendrit!

MADELEINE

Hé bien, attendris-le!

MADAME DESGRANGES

Il faut que l'occasion y soit... (*On entend la voix de M. Desgranges dans la coulisse.*) Le voici... avec un garde-vente. (*A Henri.*) Laissez-nous!

HENRI, câlin.

Essayez!...

MADAME DESGRANGES, à Henri.

Essayez de votre côté près de votre père! qu'il demande un peu moins, et je tâcherai que M. Desgranges donne un peu plus.

MADELEINE, à Henri.

Sortez par ici, pour qu'il ne vous voie pas!

HENRI

Pourquoi?

MADELEINE

Pour que cette visite-ci ne compte pas, et que vous puissiez revenir tout à l'heure.

HENRI

Est-elle charmante ! A tout à l'heure !

(Il sort à droite.)

SCÈNE DEUXIÈME

MADAME DESGRANGES, MADELEINE, assises et travaillant.
DESGRANGES ET LE PÈRE BOYER, venant du fond.

DESGRANGES entre, des papiers à la main.

Oui ! oui ! que le père Boyer monte.

MADELEINE, allant à son père.

Bonjour, père !

DESGRANGES, l'embrassant.

Bonjour, fillette ! (*A sa femme et à sa fille.*) Je suis à vous tout de suite, mes enfants, quelques papiers à signer pour la mairie.

BOYER, au fond.

Je ne vous dérange pas, monsieur le maire.

DESGRANGES

Entrez, père Boyer ! Vous venez pour M. le marquis ?...

BOYER

Oui, monsieur le maire !...

DESGRANGES, à sa femme.

Ma chère, je te présente un des plus braves gens de la commune, un homme qui n'avait rien à vingt ans...

BOYER

Le fait est, madame, que mon père ne m'avait laissé que ces deux bras-là, mais ils étaient bons!

DESGRANGES

Et qui a gagné tout son avoir avec son travail ; c'est le garde-vente du marquis d'Ormoy ; le père...je me trompe... la mère Boyer !

BOYER, riant.

Monsieur Desgranges se moque toujours de moi.

MADAME DESGRANGES

La mère Boyer! pourquoi ce nom?

DESGRANGES

Parbleu ! parce qu'il aime trop son fils !

MADAME DESGRANGES, émue.

Vraiment !

DESGRANGES

Bon!... Voilà ma femme qui s'attendrit déjà! Je prétends (*riant*) que le grand regret de Boyer, c'est de n'avoir pas pu nourrir son fils!...

BOYER, riant.

Oh ! monsieur le maire !

DESGRANGES, se mettant à table.

Allons! Donnez-moi vos procès-verbaux. (*Tout en écrivant, à Boyer.*) Votre affaire avec le rebouteur est-elle arrangée ?

BOYER

Oui, monsieur le maire !

DESGRANGES

Il vous a payé les 30 francs qu'il vous devait ?

BOYER

Payé ! Oh ! par exemple ! Le rebouteur ne paye jamais ! Je n'en aurais jamais eu un sou !.. Mais heureusement pour moi, j'ai attrapé un bon tour de reins ; alors, je me suis fait soigner par lui, et je suis rentré dans mon argent.

MADAME DESGRANGES, riant.

Ah ! ce mode de remboursement !...

MADELEINE

Quel âge avez-vous, père Boyer ?

BOYER

Douze ans, mam'selle !

MADELEINE

Douze ans !

DESGRANGES, tout en écrivant et riant.

Il veut dire soixante-douze ans.

BOYER

Oui, mam'selle ! c'est qu'à partir de soixante ans on recommence.

MADELEINE

Asseyez-vous donc ! vous devez être fatigué !

BOYER

Fatigué !... Est-ce que mam'selle me prend pour un conscrit ?

DESGRANGES, à part.

Un père conscrit ! (*Se levant et lui remettant les papiers.*) Voilà qui est fait !... Mes respects à M. le marquis !... Et bien des choses à votre belle-fille et à votre fils ! Vous en êtes toujours content ?

BOYER

Oh ! brave garçon !... Et ouvrier ! Pas tant que moi !... Mais j'ai assez travaillé pour qu'il se repose un peu.

MADAME DESGRANGES

C'est étonnant comme cet homme-là me va !

DESGRANGES.

Et lui ! Il vous aime beaucoup, j'espère !

BOYER

Oh ! je crois bien !... Pas tant que moi !... C'est tout simple ! L'amitié ça ne remonte jamais si fort que ça descend.

DESGRANGES

Il me semble pourtant qu'après ce qu'il vous doit... En le mariant, vous lui avez donné tout votre bien ! même votre maison.

BOYER

J'ai gardé la chambre d'honneur.

DESGRANGES

Oui ! Mais vous n'êtes plus chez vous !

BOYER

Si ! Puisque je suis chez lui !

MADAME DESGRANGES

Oh ! voilà un vrai mot de père ! (*A sa fille.*) Je tiens le joint !

DESGRANGES

Allons! Adieu, père Boyer...

BOYER

Monsieur le maire!... Madame... (*Il sort.*)

SCÈNE TROISIÈME

LES MÊMES, MOINS BOYER.

MADAME DESGRANGES, bas à sa fille.

Je commence l'attaque. (*Allant à son mari.*) Mon ami!

DESGRANGES

Ma femme!

MADAME DESGRANGES

Est-ce qu'il ne te semble pas que c'est la Providence qui t'a envoyé ce brave homme?

DESGRANGES

La Providence! Pourquoi?

MADAME DESGRANGES

Ne l'entends-tu pas qui te dit...

DESGRANGES

La Providence?...

MADAME DESGRANGES

Oui!

DESGRANGES

Hé bien, qu'est-ce qu'elle me dit ?

MADAME DESGRANGES

Desgranges, te laisseras-tu vaincre en amour paternel par ce paysan? Desgranges...

DESGRANGES, l'interrompant.

Desgranges, donne deux cent mille francs de dot à ta fille !

MADAME DESGRANGES

Hé bien, oui, mon ami!

DESGRANGES

Hé bien, non, ma femme !

MADAME DESGRANGES

Mais...

DESGRANGES

Tu me connais ! Tu sais que quand j'ai dit non, c'est non. N'insiste pas !

MADAME DESGRANGES

M. Desgranges! veux-tu savoir toute ma pensée? Tu n'as ni cœur ni entrailles !

DESGRANGES

C'est convenu, ma femme.

MADAME DESGRANGES

Tu n'es pas un père, tu es un...

DESGRANGES

Un bourreau !

(Déclamant.)

Bourreau de votre fille, il ne vous reste, enfin,
Que d'en faire à sa mère un horrible festin !

(*Iphigénie*, acte 3e.)

MADAME DESGRANGES

Monsieur Desgranges !

MONSIEUR DESGRANGES

Madame Desgranges !

MADAME DESGRANGES

Sais-tu bien, monsieur Desgranges, qu'avec ton flegme ironique, tu finiras par me mettre hors de moi, par me faire sortir de mon caractère !

DESGRANGES, à mi-voix.

Pourvu que tu n'y rentres pas, ma femme !

MADAME DESGRANGES

Ah ! c'est trop fort !

MADELEINE, se levant.

Assez, ma mère ! assez ! Je ne veux pas être cause que mon père et toi vous vous parliez ainsi. (*Commençant à pleurer.*) Et puisqu'il ne croit pas devoir faire ce que nous lui demandons, puisqu'il nous refuse ce que nous désirons tant, ce qui ferait notre bonheur à Henri et à moi...

MADAME DESGRANGES

Elle pleure ! ô ma fille ! ma petite fille ! et cela ne t'émeut pas, monstre ! Tu peux voir ses larmes, tu peux l'entendre dire avec sa voix si douce que cela ferait son bonheur... et rester inflexible !

DESGRANGES

Que veux-tu, ma chère ! quand je vois une femme pleurer, je me méfie toujours.

MADAME DESGRANGES

Comment?

DESGRANGES

Ce n'est pas ma faute, je me souviens. Au début de notre mariage, tu as si souvent pleuré quand tu voulais obtenir quelque chose de moi, que les larmes des femmes me font toujours l'effet d'un placement.

MADELEINE

O mon père! mon père! comment peux-tu douter de mon chagrin! Tu ne crois donc pas que j'aime Henri?

DESGRANGES

Si vraiment !

MADELEINE

Henri est bon et spirituel; tu dis toi-même qu'il a un bel avenir comme architecte.

DESGRANGES

C'est vrai !

MADELEINE

Son père, M. Grandval, est un homme...

DESGRANGES

Des plus honorables.

MADELEINE

Eh bien, alors...

MADAME DESGRANGES

Oui, eh bien, alors...

DESGRANGES

Eh bien, alors, qu'elle l'épouse! Je lui donne mon consentement, et avec mon consentement 100,000 francs de dot; mais 200,000, comme le demande M. Grandval, non!

MADAME DESGRANGES

Pourquoi?

DESGRANGES

Pourquoi est charmant! parce que je ne suis pas assez riche pour donner 200,000 francs à ma fille sans me gêner.

MADAME DESGRANGES

Il t'en restera toujours assez!

DESGRANGES

Assez, c'est trop peu!

MADAME DESGRANGES

A ton âge on n'a plus de besoins.

DESGRANGES

Au contraire! Chaque année de plus amène un besoin de plus. Il n'y a pas une infirmité qui ne soit une dépense. Ma vue baisse, il me faut des lunettes; mes jambes faiblissent, il me faut une voiture; mes cheveux tombent, il me faut un toupet. Et les caoutchoucs! et la flanelle! Mais j'en ai pour cent francs par an, rien qu'en flanelle!

MADAME DESGRANGES

Mais...

DESGRANGES

Non, non! que la jeunesse soit pauvre, c'est juste! c'est son lot! Est-ce quelle a besoin de quelque chose? Qu'importe le bon souper et le bon gîte quand on a le reste ? Mais la vieillesse...

MADAME DESGRANGES, avec amabilité.

Tu n'es pas vieux.

DESGRANGES

Oh ! oh ! si tu me dis des choses agréables, cela devient grave !

MADAME DESGRANGES, avec câlinerie.

Voyons, voyons, raisonnons... De quoi s'agit-il après tout ? De quelques réductions légères dans notre train de vie ; d'avoir, par exemple, un domestique de moins.

DESGRANGES

Précisément !

MADAME DESGRANGES

Eh bien, tant mieux !

DESGRANGES

Tant pis ! je suis paresseux ; j'aime à être servi.

MADAME DESGRANGES

Et tu t'allourdis ! tu engraisses ! tandis que, si tu te servais un peu toi-même, tu resterais actif, jeune...

DESGRANGES

Je n'y tiens pas !

MADAME DESGRANGES

Mais moi, j'y tiens, dans ton intérêt ! C'est comme pour notre table ; nous retrancherons, je suppose, un plat à notre dîner...

DESGRANGES

Du tout ! C'est ce que je ne veux pas, je suis gourmand !

MADELEINE

Père, c'est un péché.

DESGRANGES

Soit! mais un péché très-agréable, et il m'en reste si peu de cette espèce-là! Ma chère gourmandise! Mais je n'entends jamais approcher l'heure du dîner sans voir flotter devant mes yeux comme un rêve... le menu! Ah! ça, me dis-je, quel joli plat de douceur ma femme m'aura-t-elle imaginé pour aujourd'hui!... car je te rends justice là-dessus... tu as beaucoup d'imagination pour les entremets sucrés!

MADAME DESGRANGES, plus doucement et flattée.

Oui! oui! mais qu'arrive-t-il? Que tu manges trop! Tu te fais mal! Tu deviens tout rouge! Le médecin l'a dit, cela te jouera un mauvais tour, tandis qu'avec un ordinaire modeste... en devenant sobre...

DESGRANGES

Oh! sobre. Quel mot fade!

MADAME DESGRANGES

Tu resteras frais... calme... la tête libre... tu deviendras même meilleur!

DESGRANGES

Oui! oui! *Mens sana in corpore sano.*

MADAME DESGRANGES, voyant que son mari faiblit.

Voyons!... je te connais! Tu as le cœur excellent!... Toutes ces petites privations-là seront des bonheurs pour toi? Réponds! Est-ce que tu ne seras pas trop heureux de te saigner pour ta fille?

DESGRANGES

Oui! oui! je sais! le pélican! mais il paraît que ce n'est pas vrai!

SCÈNE QUATRIÈME

LES MÊMES, HENRI.

MADELEINE l'apercevant, courant à lui et le prenant par la main.

Venez, monsieur Henri, venez! Joignez-vous à nous! Mon père commence à se laisser toucher!

DESGRANGES

Moi?

HENRI, ému.

Oh! monsieur! monsieur!

DESGRANGES, se tournant tout d'un coup vers Henri.

Parbleu! vous faites bien d'arriver. Cela me rend à moi-même. Ah! ça, vous n'avez donc pas de cœur, vous! Comment, vous êtes aimé d'une jolie fille comme elle, bonne, instruite, affectueuse, et vous ne voulez pas l'épouser si elle n'a que cent mille francs de dot!

MADELEINE

Mais, mon père...

DESGRANGES

Il te marchande!... Mais moi, moi, quand j'ai épousé ta mère, elle valait cinquante mille fois moins que toi!

MADAME DESGRANGES, se récriant.

Comment?

DESGRANGES

Je veux dire qu'elle avait cinquante mille francs de moins que toi, et pourtant je n'ai pas hésité.

HENRI, vivement.

Je n'hésite pas non plus!

MADAME DESGRANGES

C'est son père qui refuse, mon ami!

MADELEINE

Oui, c'est son père! Mais lui, il ne tient pas du tout à ta fortune! Il m'a répété vingt fois qu'il me prendrait sans dot! qu'il aimerait même mieux que je n'eusse rien.

HENRI

C'est vrai!

DESGRANGES

Oui! oui!... On dit cela!... Je l'ai dit aussi... moi... mais en dedans...

MADAME DESGRANGES, vivement.

Comment! Ce n'était donc pas vrai?

DESGRANGES

Ce qui est vrai, c'est que je trouve stupide cette maxime que les pères doivent s'immoler pour leurs enfants!

MADELEINE

S'immoler! Est-ce que je le voudrais? Est-ce que nous le voudrions? Est-ce que cet argent ne resterait pas à toi?

DESGRANGES

Ta ta ta! L'argent ne peut pas être dans deux endroits à la fois! Si je vous le donne, je le perds, et si je ne vous le donne pas, je le garde! C'est clair comme le jour.

MADELEINE

Mais, père...

DESGRANGES

Mes idées sont faites là-dessus. Un père doit être plus

riche que ses enfants. Un père ne doit jamais se mettre dans la dépendance de ses enfants, et cela pour les enfants mêmes, afin de ne pas les rendre ingrats.

MADELEINE, se récriant.

Oh! père! Oses-tu dire?...

DESGRANGES

Ton bon petit cœur se révolte à ce mot.

MADELEINE

Oh! oui! Tu m'as fait bien mal!

DESGRANGES

Je le crois! Je crois à la sincérité de ton indignation, mais...

HENRI

Mais, pour qui nous prenez-vous donc, monsieur?

DESGRANGES

Pour des enfants pleins de cœur! de bons sentiments! Et c'est pour cela que je ne veux point vous gâter! Avez-vous entendu parler d'une pièce de théâtre nommée le *Roi Lear*?

HENRI

De Shakespeare?

DESGRANGES

Juste! Eh bien, savez-vous ce que c'est que son roi Lear? Un vieil imbécile qui n'a eu que le sort qu'il méritait!... Et quant à mesdames ses filles... Shakespeare, tout Shakespeare qu'il est, a fait une grosse faute, c'est de les peindre méchantes dès le début. Ce qu'il fallait, c'était de les montrer corrompues par la prodigalité insensée de leur père, conduites à l'ingratitude par le bienfait...

Voilà la vérité! Car enfin, supprimez le bienfait, il n'y a plus d'ingratitude. Or, comme j'ai autant de sollicitude pour votre perfection que ma femme en a pour mon perfectionnement, je refuse net de me dépouiller pour vous, de peur de vous exposer à la tentation...

MADAME DESGRANGES

Mais...

DESGRANGES

Pas de mais! C'est résolu... Henri, allez trouver votre père et essayez de le faire renoncer à sa prétention! Que diable! il est plus facile de ne pas demander 100,000 francs que de les donner!

MADELEINE

Mais, s'il ne réussit pas à convaincre son père?

DESGRANGES

C'est qu'il ne t'aimera pas assez! auquel cas je ne le regretterai pas!...

MADAME DESGRANGES

Monstre! bourreau! égoïste! matérialiste!

DESGRANGES

Va! va!...

MADELEINE

Adieu, M. Henri.

HENRI, vivement.

Non, mademoiselle, au revoir! Votre père a raison! Je ne serais pas digne de vous si je ne vous conquérais pas.

DESGRANGES

A la bonne heure, jeune homme! Voilà un mot qui

vous rend mon estime ! Je ne vous donnerai pas un sou de plus pour cela, mais je vous estime ! Partez et revenez !

HENRI, s'élançant au dehors.

A tout à l'heure !

Les deux femmes l'accompagnent jusqu'à la porte : Desgranges s'asseoit en riant. La toile tombe.

DEUXIÈME TABLEAU [1]

Chez M. Desgranges. — Une verandah donnant sur un jardin. Table, meubles, un petit secrétaire à droite.

SCÈNE PREMIÈRE

DESGRANGES, MADAME DESGRANGES, MADELEINE, HENRI.
Madame Desgranges et Madeleine travaillent, Henri dessine.

DESGRANGES

Quel beau soleil ! Un 15 novembre !

HENRI, déclamant.

C'est un jour de printemps égaré dans l'automne.

DESGRANGES

Toujours artiste, mon gendre !

---

[1] Le tableau, quoique séparé de l'autre par une distance de trois ans, doit se jouer dans le même décor, et avec un très léger changement de costume, pour que l'entr'acte soit très court.

HENRI

C'est mon état, cher beau-père !

DESGRANGES

Ah ! ça, ma femme, parlons de choses sérieuses ! Tu nous feras servir le dîner ici, dans cette verandah !

MADAME DESGRANGES

Mais, mon ami !...

DESGRANGES

J'ai besoin de la salle à manger ! (*à Henri.*) Mon gendre, allez-vous à Paris aujourd'hui ?

HENRI

Peut-être !

DESGRANGES

Ayez soin de revenir de bonne heure, j'ai besoin de vous !

HENRI

Toujours à vos ordres, cher beau-père !

MADELEINE

Ah ! çà, papa, qu'est-ce que tu as ? Je te trouve un air mystérieux, triomphant...

DESGRANGES

Ajoute rayonnant !... Fillette, combien y a-t-il de temps que vous êtes mariés ?

MADELEINE

Après-demain trois ans.

MADAME DESGRANGES

Trois ans bien employés ! Deux baptêmes dans ces trois ans !

DESGRANGES

Hé bien, moi, mes enfants... il y a vingt-cinq ans aujourd'hui que j'ai épousé votre mère ! Aussi, ma femme, toutes voiles dehors pour ce beau jour. Un dîner, comme si j'étais gourmand ! Ce soir danse et musique !... J'ai invité tous mes amis de Montgeron, et même de Paris ! Fillette, tu trouveras sur ton lit une jolie toilette toute neuve que j'ai fait faire chez ta couturière !

MADELEINE

Merci, père.

MADAME DESGRANGES

Et moi !

DESGRANGES

J'ai fait remonter à neuf pour toi, et cela ne servira pas qu'à toi, tous les diamants de ma mère ! Tiens ! regarde ! (*Il lui montre l'écrin.*)

HENRI

Oh ! ils sont admirables !

DESGRANGES

Je le crois bien ! Sais-tu qu'ils ont beaucoup de prix ! Notre voisin, le marquis d'Ormoy, qui est un amateur et un connaisseur, m'en a offert ce matin vingt-cinq mille francs comptant, si je voulais les lui vendre pour sa belle-fille.

MADAME DESGRANGES

Vingt-cinq mille francs !

DESGRANGES

Oh ! il y tenait absolument ! Je suis sûr que, si je les lui envoyais maintenant, il m'en donnerait trente mille !

Mais il pourrait bien m'en offrir trois fois autant, il ne les aurait pas! Car ils me représentent, ces diamants, ce que j'ai le plus aimé au monde, ma pauvre mère, qui me les a donnés pour toi, toi qui les a portés pour elle et pour moi, ta fille qui les portera pour nous trois!... Hé bien!... Voilà que je m'attendris... maintenant!... Comme je n'y suis pas habitué, ça me dérange!... Va serrer tes diamants (*Mme Desgranges va serrer les diamants*), et moi je vais prendre un peu l'air. (*Appelant.*) Jean! (*Jean paraît.*) Mon cache-nez!...

JEAN, cherchant.

Je l'ai vu là ce matin, sur ce meuble, monsieur.

DESGRANGES, le cherchant.

Il n'y est plus!... (*Riant.*) Ah!... je devine!... je sais où il est!

HENRI

Et où est-il donc?

DESGRANGES

Chez vous!... sur le berceau de monsieur votre fils! ou bien au cou de votre fille!

MADELEINE

Comment?

DESGRANGES, montrant sa femme en riant.

C'est elle qui me l'a pris! Elle me prend tout pour vous!... Dès que quelque chose lui convient, elle le porte là-haut, dans votre nid,... comme la *Gazza ladra!*... madame Desgranges ou la *Pie voleuse*, par amour maternel! Ah! ah! c'est admirable!

MADAME DESGRANGES

Mais, mon ami !

DESGRANGES

Garde-le ! je le leur donne !... (*S'en allant en riant.*) Grand'mère ! pourquoi avez-vous de si grands bras ?... C'est pour mieux dépouiller mon mari... mon enfant ! Ha ! ha ! ha ! (*Il sort.*)

SCÈNE DEUXIÈME

MADAME DESGRANGES, MADELEINE, HENRI.

HENRI

Ah ! le brave homme !

MADELEINE

Et comme il est de bonne humeur, ce matin ! Il me semble que ce serait le moment de lui faire notre grande demande.

HENRI

Au fait ?...

MADAME DESGRANGES

Quelle demande ?

HENRI

Belle-maman ! Nous voudrions obtenir de M. Desgranges un vote de confiance.

MADELEINE

Oui ! le vote de quelques centimes additionnels.

MADAME DESGRANGES

Comment !... Votre budget...

HENRI

Manque d'équilibre. Nous avons jeté hier la sonde dans notre caisse, les eaux sont d'un bas... d'un bas !...

MADAME DESGRANGES

Mais nous ne sommes qu'au 15 novembre, au premier tiers du trimestre.

HENRI

Hé bien, oui !... Les premiers tiers des trimestres sont terribles,... il est vrai que les derniers le sont encore plus !

MADAME DESGRANGES, à Madeleine.

Mais tu as reçu les intérêts de ta dot !... (*A Henri.*) Vous, la pension de votre père...

MADELEINE

Il a fallu payer le propriétaire, le tailleur...

HENRI

Et la couturière...

MADELEINE

Tu sais cette jolie toilette bleue...

HENRI

Qui lui va si bien...

MADAME DESGRANGES, avec enthousiasme.

Le fait est qu'elle était jolie avec cette petite robe !

HENRI

C'est pour vous que je l'ai achetée, belle-maman ! Vous

m'avez confié votre ouvrage, je tâche de le faire valoir... Est-ce que j'ai eu tort?

MADAME DESGRANGES

Je ne dis pas... Passe pour la toilette,... d'autant plus que comme c'est pour moi que vous l'avez achetée, il est juste que je la paye!... Mais cela ne m'explique pas comment vos deux pensions réunies...

MADELEINE

Et les enfants!... Tu as voulu absolument un petit garçon et une petite fille!... dame! ça coûte!... Est-ce que tu aimerais mieux ne pas les avoir?...

MADAME DESGRANGES

Par exemple!...

HENRI

Est-ce que vous voudriez que nous fissions des économies sur eux..., sur les soins qu'il leur faut?...

MADAME DESGRANGES, avec explosion.

J'aimerais mieux vendre jusqu'à ma dernière chemise!

MADELEINE

Tu vois bien!

MADAME DESGRANGES

Hé bien, je ne dis pas... Passe pour les enfants!... Mais, mon ami, outre votre dot vous avez un état, et avec votre talent, car enfin vous avez du talent...

HENRI

Oh! un talent énorme,... mais c'est ce que nous appelons un talent d'avenir. Voyez-vous, belle-maman, les jeunes architectes sont les plus malheureux des artistes!

Un poëte a beau être pauvre, il trouve toujours une plume pour écrire ses vers; un musicien, une feuille de papier réglé pour écrire ses notes; un peintre, un pinceau et un bout de toile pour y jeter ses idées de tableau; mais des pierres de taille! des pierres meulières! et un terrain propre à la bâtisse! On n'a pas ça sous la main!... On ne bâtit pas des maisons à volonté! Nos seuls clients sont de petits propriétaires qui ont quelque lézarde à reboucher, quelque fenêtre à percer, quelque mur à réparer, et qui prennent un petit architecte, comme on prend un petit médecin pour les indispositions.

MADELEINE

L'espoir de le payer moins cher ...

HENRI

Nous occupons dans l'architecture la même place que le Grégoire de la Fontaine dans le noble art de la chaussure, nous ne faisons pas de maisons, nous les ressemelons; nous avons un art, et pas de matériaux pour l'exercer! Notre profession est de construire, et nous n'avons pas de constructions à faire! Imaginez-vous des castors en disponibilité!

MADELEINE

Bravo! Tu aurais dû te faire avocat! (*à Mme Desgranges.*) Oh? ce sont des raisons cela!

MADAME DESGRANGES

Je ne dis pas... mais... pourtant votre plan pour l'hôtel de ville vous a valu une médaille de 1,500 francs.

HENRI

Et les devis, les coupes, les métrages, m'en ont coûté plus de deux mille... Tous mes gains de l'année y ont

passé, de façon que la seule construction que j'aie faite...
une construction sur papier, m'a emporté le bénéfice de
tous mes travaux de réparation; j'ai dépensé en poésie
l'argent que j'avais gagné en prose!

MADAME DESGRANGES

Pauvre garçon!

MADELEINE

Ah! tu le plains! Tu le plains!

MADAME DESGRANGES

Je le plains! Je le plains!... Qu'est-ce que cela prouve? Que je suis trop bonne!... car enfin, voyons, mes petits enfants... raisonnons! Certainement vous ne m'accuserez pas d'être trop sévère.

HENRI

Sévère! oui!... mais trop?... non!

MADAME DESGRANGES

Hé bien, comment vous justifierez-vous de votre voyage en Auvergne cet été?... Une telle fantaisie...!

HENRI

Une fantaisie!... notre voyage en Auvergne, une fantaisie!.. Mais, belle-maman, c'était le plus sacré des devoirs.

MADAME DESGRANGES

Oh! par exemple!... c'est trop fort!

HENRI

Ecoutez-moi donc!

MADELEINE

Mais oui!... Ecoute-le!

DAME DESGRANGES

Soit! J'écoute!

HENRI

Vous ne savez donc pas, belle-maman, que dans l'Auvergne, il y a la ville d'Issoire, que dans Issoire se trouve le plus beau spécimen d'église romane, et qu'un architecte qui n'a pas vu Issoire, n'est pas un architecte !

MADAME DESGRANGES

Mais...

HENRI

Je sais ce que vous allez me dire, que d'Auvergne nous sommes descendus à Lyon, que de Lyon nous avons été à Genève,... et que de Genève nous avons passé jusqu'à Venise,... mais cela, belle-maman, ce n'est pas notre faute, c'est la faute des prix réduits.

MADAME DESGRANGES

Qu'est-ce qu'il va encore me conter ?

HENRI

Je vous le demande !... Connaissez-vous rien de pareil à ces grandes affiches qui s'étalent sur toutes les murailles et portent en grosses lettres rouges ces mots cabalistiques : « Prix réduits! Parcours d'un mois dans le nord de « l'Italie, avec séjour dans les principales villes... Cent « cinquante francs ! » Cent cinquante francs !... Mais c'est immoral comme une boutique de changeur!... Cent cinquante francs !... Comment voulez-vous qu'on résiste à la tentation? Surtout quand, comme moi, on se sent destiné à gagner un jour cent mille francs par an! Car je les gagnerai!... J'en suis sûr!... Seulement à quelle époque?... Voilà la question! Et comme en attendant j'ai déjà le caractère d'un millionnaire, tandis que j'ai encore la bourse d'un homme qui gagne sept à huit cents francs par an, il en résulte que dame! cela fait un écart!

MADAME DESGRANGES, en riant.

Ah! le fou!

MADELEINE

Tu as ri! Tu as ri! Nous sommes sauvés!

MADAME DESGRANGES

Sauvés? Sous quel prétexte demanderai-je à ton père un supplément de pension?

MADELEINE

A cause de l'anniversaire d'aujourd'hui!

MADAME DESGRANGES

Il t'a déjà donné une robe!... Il m'a fait remonter mes diamants! Si je lui fais un appel de fonds, il me répondra un latin,... un latin que je connais,... *non bis in idem.*

HENRI

Ce n'est qu'une avance de quelques mois que je lui demande : je suis intéressé dans une entreprise admirable, où j'aurai les plus beaux travaux comme architecte.

MADAME DESGRANGES

Enfin, nous verrons!

SCÈNE TROISIÈME

LES MÊMES, LE DOMESTIQUE.

LE DOMESTIQUE

Une lettre pour monsieur.

HENRI

Donnez. (*Il prend la lettre, le domestique sort. — Lisant avec un cri de joie.*) Victoire !

MADELEINE

Ton entreprise !

HENRI

Bien mieux que cela !

MADELEINE ET MADAME DESGRANGES

Quoi donc ?

HENRI

Un coup du ciel ! Un miracle ! Oh ! la belle chose que la conscience !

MADELEINE

Mais explique-nous donc !

MADAME DESGRANGES

De qui est cette lettre ?

HENRI

Du curé de Saint-Eustache !

MADELEINE

Le curé de Saint-Eustache! Que te veut-il?

HENRI

Ecoutez! (*Lisant.*) « Monsieur, un repentant, un mourant, m'a restitué hier pour vous... »

MADELEINE

Une restitution!

HENRI, continuant.

« M'a restitué hier pour vous, avant de mourir, une somme qu'il avait détournée au préjudice de votre famille. Je la tiens à votre disposition, et j'espère qu'en venant la chercher, vous m'apporterez le pardon du coupable. »

HENRI

Si je lui pardonnerai!... Je lui pardonne déjà!

MADELEINE

Et celui qui t'écrit cette lettre?

HENRI

Est le curé de Saint-Eustache. Vois!

MADAME DESGRANGES

Mais qui peut être cet honnête homme de voleur, dont le repentir...?

HENRI, comme frappé.

Ah! je le devine... Un de mes oncles, dont je suis l'héritier, avait un caissier qui lui a emporté 15,000 francs, c'est cela!

MADELEINE, avec un cri de joie.

15,000 francs!

HENRI

Qu'est-ce que nous allons faire de cet argent-là?... D'abord, belle-maman, je vous donne une belle fourrure, vous en avez toujours eu envie.

MADAME DESGRANGES

Mais...

HENRI

Pas de mais... c'est résolu! (*A sa femme.*) Et toi, qu'est-ce que tu veux?... Et la petite, qu'est-ce que nous allons lui donner? Moi, je me paie un Corot!

MADAME DESGRANGES

Mais... mon ami... mon ami!

HENRI

Ah! dame!... belle-maman, si on ne fait pas de folies le jour d'une aubaine pareille, quand en fera-t-on?

MADELEINE

Oui! Mais auparavant il faut aller les chercher, ces 15,000 francs!

HENRI

Je pars!... (*à Madeleine.*) Si tu venais avec moi, nous irions dîner au café Anglais et de là au spectacle!

MADELEINE

Et les enfants!

MADAME DESGRANGES

Je les garderai! Je coucherai dans leur chambre!...

MADELEINE

Mais ils t'empêcheront de dormir!

MADAME DESGRANGES

Tant mieux ! Je penserai que vous vous amusez. Allez !

MADELEINE, l'embrassant.

Ah ! que tu es bonne !

HENRI, à Madeleine.

Va mettre ton chapeau !... (*Avec un cri.*) Diable ! Et le dîner du beau-père !

MADELEINE

C'est juste !

HENRI

Allons ! je pars seul ! C'est dommage ! Enfin donne-moi la lettre, que je voie l'adresse de ce brave curé ! (*Parcourant la lettre.*) Où diable l'a-t-il mise ?... Au revers sans doute ! (*Il retourne la page en éclatant de rire.*) Ha ! ha !... c'est impayable !... c'est à mourir de rire !...

MADELEINE

Quoi donc ?

HENRI, riant toujours.

Le post-scriptum ! le post-scriptum !

MADAME DESGRANGES

Qu'est-ce qu'il dit ce post-scriptum ?

HENRI, lisant.

« J'apprends que vous êtes à la campagne ; si vous ne pouvez venir, indiquez-moi quelqu'un de sûr, et je lui remettrai les 60 francs. »

MADELEINE, consternée.

60 francs !

MADAME DESGRANGES

C'est une mystification !

HENRI, riant.

Ah ! elle est bien bonne !

MADELEINE

Comment as-tu le cœur de rire ?

HENRI

Ah ! j'en rirai longtemps !... avons-nous été assez bêtes !... comme si je ne savais pas que les remords des mourants ne vont jamais au delà de 100 francs !...

SCÈNE QUATRIÈME

LES MÊMES, LE DOMESTIQUE, entrant, une carte à la main.

LE DOMESTIQUE

Un monsieur qui arrive de Paris et qui demande à parler à monsieur.

HENRI, lisant la carte.

C'est de la part de notre Société immobilière !

MADAME DESGRANGES

Voici mon mari, laissez-nous.

HENRI

Belle-maman, voilà l'instant de faire valoir mes travaux futurs. Dites bien à M. Desgranges que ce n'est qu'une avance que je demande,... que je vais avoir des travaux superbes.

MADAME DESGRANGES

Allez! Allez!

(Henri et Madeleine sortent.)

SCÈNE CINQUIÈME

MADAME DESGRANGES, puis DESGRANGES.

DESGRANGES, à la cantonade.

(*Apercevant sa femme.*) Ah! je te cherchais!

MADAME DESGRANGES

Et moi aussi!

DESGRANGES

Quel air grave...

MADAME DESGRANGES

C'est qu'il s'agit d'une chose grave... Mon ami, je t'en supplie, au nom de nos vingt-cinq ans de bonheur, accorde un supplément de dot à nos enfants.

DESGRANGES

Je m'en garderai bien, je m'applaudis trop du parti que j'ai pris!... Mon système est trop bon pour que j'en change.

MADAME DESGRANGES

Comment! as-tu le cœur de les voir et de les laisser aussi gênés?

DESGRANGES

Ils sont gênés?

MADAME DESGRANGES

Affreusement, mon ami.

DESGRANGES

Tant mieux! mon gendre se donnera plus de mal pour acquérir sa clientèle.

MADAME DESGRANGES

Mais elle ne vient pas cette clientèle !

DESGRANGES

Raison de plus pour tout faire afin qu'elle vienne.

MADAME DESGRANGES

Ils ont des charges de plus !

DESGRANGES

Tu veux dire des bonheurs de plus! (*Madame Desgranges lève les bras au ciel.*) Voyons, ma femme ! pas d'exclamations et raisonnons ! Supposons qu'il y a trois ans, j'aie donné à ma fille cent mille francs de plus, comme tu le voulais, que serait-il arrivé ?

MADAME DESGRANGES, avec un mélange d'indignation
et d'attendrissement.

Il serait arrivé qu'au lieu de vivre de privations comme ils ont été obligés de le faire depuis trois ans, au lieu de se tout refuser...

DESGRANGES

Permettez ! ma femme, permettez! il me semble...

MADAME DESGRANGES

Il te semble?... Eh bien, veux-tu que je te dise? Quand je vais chez eux à l'heure du dîner, que je vois leur pauvre petit couvert si modeste... un seul plat de viande, un seul plat de légumes, et pas d'entremets sucrés, les pauvres chéris ! et qu'en revenant chez nous, je te trouve, toi, attablé jusqu'au menton, avec de bonnes poulardes rôties, de bons perdreaux bardés... car il te les faut bardés maintenant.

DESGRANGES

Que veux-tu, ma chère ! en vieillissant...

MADAME DESGRANGES

Eh bien, cela me fait mal ! Je me reproche tous les bons morceaux que je mange.

DESGRANGES

Pas moi !

MADAME DESGRANGES

Je nous trouve révoltants...

DESGRANGES

Ma femme !... ma femme !... du calme ! et revenons à la question, car tu t'en es complétement écartée. Suis bien mon raisonnement, si tu peux. Nous sommes aujourd'hui le 15 novembre ; notre fille, notre gendre, leurs deux enfants, leurs deux domestiques sont ici dans notre maison de campagne depuis le 13 août, soit trois mois deux jours ; et ils comptent y rester, eux, leurs enfants et leurs domestiques, jusqu'au moment de notre départ, soit le 20 décembre...

MADAME DESGRANGES

Eh bien ! Est-ce que tu veux leur reprocher leur séjour ici maintenant ? Est-ce que tu vas te plaindre de ce que leur présence te coûte ? Est-ce que tu aurais l'intention de les exiler de chez toi... de chez moi ?... Oh ! mais un instant, halte-là !

DESGRANGES

Ma femme !

MADAME DESGRANGES

Me priver de la vue de mes enfants ! mais c'est ma seule consolation ici-bas !

DESGRANGES

Merci !

MADAME DESGRANGES

C'est que je te connais ! Tu es capable de trouver que les enfants font trop de bruit ! Pauvres amours !... dont les petites voix sont si douces, dont les petits pas sont si mignons !

DESGRANGES, avec impatience.

Mais qu'est-ce qui te dit le contraire ? laisse-moi donc parler, et encore une fois suis mon raisonnement. Pourquoi notre fille et notre gendre sont-ils restés avec nous trois mois et deux jours, et pourquoi y resteront-ils jusqu'au 20 décembre ?

MADAME DESGRANGES

Belle question ! Parce qu'ils nous aiment !... parce qu'ils se plaisent avec nous !... parce qu'ils savent nous faire plaisir... parce qu'ils sont affectueux, sensibles...

DESGRANGES, riant.

Enfin, tout le contraire de moi, n'est-ce pas ?... (*Allant à sa femme.*) Tiens, viens que je t'embrasse. Je t'adore, toi, parce que tu as toujours douze ans.

MADAME DESGRANGES

Comment ! douze ans !

DESGRANGES

Je veux dire parce que tu es et seras toujours la bonne

créature, naïve, confiante, crédule, que j'ai épousée avec tant de plaisir!

MADAME DESGRANGES, un peu offensée.

Comment naïve, crédule! Est-ce que tu prétendrais que nos enfants ne sont pas...

DESGRANGES

Si! ma femme... ils sont tout cela et plus encore! Mais t'imagines-tu que ta fille, avec sa jolie figure, qu'elle a plaisir à montrer parce que l'on a plaisir à la voir; que ton gendre, avec ses goûts d'artiste et son imagination, laisseraient là Paris et ses premiers plaisirs d'hiver; bien plus, qu'il y irait, lui, pour ses affaires tous les matins et en reviendrait tous les soirs, le tout pour l'unique bonheur de faire une partie de piquet avec un père qu commence à être un peu sourd et une mère qui gagnerait à être un peu muette?

MADAME DESGRANGES

Mais que supposes-tu donc? Quel motif donnes-tu à leur séjour prolongé chez nous?

DESGRANGES, en riant.

Ma chère, te rappelles-tu que quand tu étais jeune et que tu avais de fort beaux cheveux, tu étais enchantée d'aller à la campagne pour laisser reposer ta raie!... Eh bien, nos enfants sont enchantés de rester ici pour laisser reposer leur bourse.

MADAME DESGRANGES.

Ah!... malheureux, peux-tu supposer...

DESGRANGES

Je ne leur en veux pas! Je ne les accuse ni d'ingratitude ni d'indifférence! Je suis sûr que s'ils avaient vingt mille livres de rentes au lieu de dix, ils nous aimeraient toujours, mais moins longtemps de suite! Ainsi, par exemple, je ne connais pas de gendre pareil au mien : on n'a pas plus de déférence, plus d'attentions; il ne laisse pas passer un seul de mes anniversaires, anniversaire de fête, anniversaire de naissance, anniversaire de mariage, sans accourir avec un énorme bouquet.

MADAME DESGRANGES

Et tu crois que l'intérêt seul...

DESGRANGES

Oh! non! ma femme!... Pas l'intérêt seul!... non l'intérêt composé... composé moitié d'affection et moitié de calcul..., calcul inconscient dont il ne se rend pas compte, mais que je devine, qui tient à ce qu'il a besoin de moi, et dont je profite sans lui en vouloir.

MADAME DESGRANGES

Tiens! tu n'es qu'un malheureux! Tu dépoétises tout! Tu désenchantes tout! Il faut être capable de tels sentiments pour les prêter aux autres! C'est monstrueux!

DESGRANGES.

Du tout! c'est naturel! Les vieux sont très-ennuyeux! Il faut qu'ils se rattrapent par quelque chose! Je me rattrape par l'hospitalité!

MADAME DESGRANGES

Dis tout de suite que nos enfants prennent notre maison comme une auberge!

DESGRANGES

Eh! sans doute l'auberge du Lion d'or! Ici on loge à

pied et à cheval les enfants gênés qui ont des économies à faire. Ont-ils trop dépensé en spectacles, en bals, en concerts, allons passer huit jours chez papa! Projettent-ils de se payer un petit voyage, allons passer un mois chez papa! Un des enfants est un peu souffrant... envoyons-le à la campagne chez papa! Et on l'envoie!... Et l'on vient avec lui! Et comme on est reçu à bras ouverts, comme on est défrayé de tout, comme le père a une bonne installation, et une bonne table, comme on y trouve de bonnes poulardes et de bons perdreaux que ce père égoïste est enchanté de partager avec ses enfants, ils viennent, ils reviennent, et ils restent avec plaisir.

MADAME DESGRANGES

Ah! le misérable!... Il fait de l'égoïsme avec tout, même avec l'amour paternel!

DESGRANGES, sans avoir l'air d'entendre sa femme.

Mais suppose au contraire... Suppose que j'aie doublé la dot de ma fille, comme tu le voulais, que serait-il arrivé? Qu'aujourd'hui nos enfants, vu la tête un peu enthousiaste de mon gendre, ne seraient peut-être pas beaucoup plus riches, et que moi, je serais beaucoup plus pauvre; que je ne pourrais ni les recevoir aussi longtemps, ni les recevoir aussi bien, et qu'ils viendraient moins chez moi, parce qu'ils seraient mieux chez eux. Ah! bon Dieu, ma chère! Mais si mes enfants étaient plus riches que nous, il y a plus de six semaines déjà que ma fille trouverait Villeneuve-Saint-Georges trop humide à l'automne; qu'elle redouterait pour ses enfants les brouillards de la rivière, et que mon gendre m'aurait déclaré que ses voyages quotidiens à Paris altèrent sa santé!... Voici donc ma conclusion, que je dédie à tous les pères qui ont des filles à marier : « Voulez-vous garder vos enfants? Gardez votre argent!... Voulez-vous jouir de vos petits-enfants? Gardez votre argent! Car c'est grâce à l'argent que le père reste le chef de la famille ; que la maison paternelle reste le foyer domestique, c'est-à-dire pour les vieux, une retraite d'honneur et de bien-être; pour les jeunes, un lieu de refuge et de plaisir; pour les petits, un nid où ils viennent chercher la santé et parfois des soins plus intelligents que les soins maternels eux-mêmes; pour tous, enfin, un centre, un sanctuaire où se forment les souvenirs, où grandissent et vieillissent les générations successives, où se perpétuent enfin les traditions de respect et de tendresse! » Appelle, si tu le veux, ma prévoyance calcul et personnalité, moi je la nomme le véritable amour paternel, celui qui consiste à rendre les enfants plus heureux et meilleurs : car, remarque-le bien, ma chère, mon gendre avait, je veux le croire, les plus heureuses dispositions pour faire un gendre charmant, mais enfin, sans ma prévoyance, ces bonnes qualités seraient peut-être restées à l'état de germe, de boutons... A qui donc doit-il leur plein épanouissement? A moi!

MADAME DESGRANGES

Par exemple!...

DESGRANGES

Sais-tu ce qui arrive au père Boyer? Ses enfants l'ont mis à la porte, et nous l'avons fait inscrire hier au bureau de bienfaisance. Affabulation : je n'ajouterai pas un sou à la dot de ma fille.

SCÈNE SIXIÈME

MADAME DESGRANGES, puis MADELEINE.

MADAME DESGRANGES, poursuivant son mari de ses reproches

Sans cœur! (*En redescendant, elle voit sa fille et va à elle.*) Rien à obtenir!... Mon Dieu! qu'as-tu donc?

MADELEINE, avec douleur.

Oh! maman! un grand malheur!

MADAME DESGRANGES

Un accident à la petite!

MADELEINE

Oh! non! Dieu merci!

MADAME DESGRANGES

Mais alors, quoi donc?

MADELEINE

Ce monsieur qui est venu parler à Henri.

MADAME DESGRANGES

De la part de sa grande société!... Hé bien!

MADELEINE

Hé bien!... une faillite!... un désastre! les gérants en fuite! les commanditaires compromis! Et Henri qui avait donné sa signature.

MADAME DESGRANGES

Sa signature ! Pour une forte somme ?

SCÈNE SEPTIÈME

LES MÊMES, HENRI.

HENRI

Pour vingt-cinq mille francs !

MADAME DESGRANGES

Vingt-cinq mille francs ! mais, malheureux, comment avez-vous pu...?

HENRI

Ce n'est pas par esprit de spéculation !... Dieu sait si je suis spéculateur !... J'ai été trompé ! trahi ! Ils ont fait luire à mes yeux le titre d'architecte de la compagnie ! Que voulez-vous ! des maisons à bâtir !... Je n'ai pas pu y résister !... J'ai vu là le placement de toutes mes idées d'artiste ! car j'en ai, j'en suis sûr !... Ma tête est partie ! on m'aurait demandé ma signature pour cent mille francs, je l'aurais donnée ! Comment me figurer que des gens qui me promettaient des constructions ne sont pas les plus honnêtes gens du monde !

MADAME DESGRANGES

Mais enfin, ces vingt-cinq mille francs, quand faut-il les donner ?

HENRI

Tout de suite ! Il faut les déposer chez un notaire ! ou

sinon, me voilà compromis dans cette vilaine affaire!... Je passe pour complice.

MADELEINE, avec un cri.

Pour complice!

HENRI

Oh! l'homme qui est là vient de me le dire! Une plainte est faite au tribunal! Une plainte en escroquerie.

MADAME DESGRANGES, épouvantée.

Que dites-vous?

HENRI

Il me menace d'aller parler à mon père! Il voulait s'adresser à M. Desgranges!... J'ai la tête perdue; je suis désespéré! (*Il tombe en pleurant sur un siége.*)

MADELEINE

Prends ma dot!

HENRI

Tu sais bien que je n'y peux pas toucher!... et je n'ai que les intérêts de la mienne! Oh! si ce scandale éclate, que dira mon père?

MADELEINE, l'embrassant avec douleur.

Henri!... mon ami!...

MADAME DESGRANGES

Oh! ma foi! je n'y tiens plus! je ne peux pas les voir souffrir ainsi! (*Elle sonne et court au petit secrétaire qui est à droite.*)

MADELEINE

Que fais-tu, maman?

MADAME DESGRANGES, se mettant à écrire.

Tu vas bien le voir.

LE DOMESTIQUE, entrant.

Madame m'a sonné?

MADAME DESGRANGES, prenant une boîte dans le secrétaire.

Cette lettre et ce paquet à son adresse, allez! (*Le domestique sort.*)

HENRI, qui a regardé l'adresse.

Qu'ai-je lu? A M. le marquis d'Ormoy!

MADELEINE, avec un mélange de tendresse et de crainte.

Quoi!... maman!... tes diamants!

MADAME DESGRANGES

Oh!... c'est bien mal ce que j'ai fait là! je n'avais pas le droit de le faire!... mais je ne peux pas vous voir de chagrin!... j'aime mieux tout!... j'aime mieux m'exposer à tout.

HENRI et MADELEINE, lui baisant les mains.

Ah! maman! maman!

MADAME DESGRANGES

Oui! aimez-moi bien!... je le mérite! Si vous saviez combien il m'en coûte... et combien il m'en coûtera peut-être!... Enfin... Henri, allez dire à ce monsieur qu'il sera satisfait, qu'on payera tout ce soir! (*On entend la voix de M. Desgranges.*)

SCÈNE HUITIÈME ET DERNIÈRE

LES MÊMES, DESGRANGES.

DESGRANGES, à la cantonade.

Par ici!... apportez la table par ici!... Ah!... ma foi!... je meurs de faim!... Il est six heures!... comme les jours baissent! (*Aux domestiques qui apportent la table.*) Allez chercher le potage! Eh bien, fillette, ta robe te plaît-elle? te va-t-elle bien?

MADELEINE

Oui, père!

DESGRANGES

Et toi, ma femme! quelle robe mettras-tu? Il s'agit de produire ce que tu as de plus beau. N'oublie pas tes dentelles pour faire honneur à tes diamants. Je suis sûr que la monture... Une idée!... Voyons donc l'effet qu'ils font à la lumière!

MADAME DESGRANGES, troublée.

Quoi?

DESGRANGES

Tes diamants! Prends-les donc!

MADELEINE, à Henri.

Je tremble.

DESGRANGES

Hé bien!...

MADAME DESGRANGES

C'est que je ne sais pas...

DESGRANGES

Où ils sont? Je le sais, moi. Tu les as mis là, dans ce petit secrétaire. (*Il se dirige vers le secrétaire.*)

MADAME DESGRANGES

Mon ami!... (*Bas à ses enfants.*) Nous sommes perdus!...

DESGRANGES, qui a ouvert le secrétaire.

Ils n'y sont plus!.. Où sont-ils donc?... Te voilà toute tremblante!... (*Se retournant vers Henri et Madeleine.*) Et vous la tête basse et l'air confus!... Qu'y a-t-il donc?.. Où sont ces diamants? Répondez-moi?... Je te l'ordonne!... Qu'en as-tu fait?... Tu te tais!... C'est donc à moi de parler! Tu les as vendus! vendus pour payer l'imprudence de ton gendre!

MADAME DESGRANGES

Mais...

DESGRANGES

Je devine tout, ou plutôt, je sais tout!... Cet homme d'affaires m'a appris le désastre, et la disparition de ces diamants me dit le reste! Ainsi, parce qu'il a plu à monsieur de s'associer à une entreprise chimérique! parce qu'il a fait la folie de donner sa signature à des coquins qui l'ont trompé, il a fallu que toi, pour payer sa dette, tu m'arrachasses le plus cher souvenir de ma mère, le plus cher témoin de notre tendresse, que tu empoisonnasses la joie de ce jour... Ah! c'est bien mal!

MADAME DESGRANGES

Mon ami !...

MADELEINE

Mon père !

DESGRANGES

Silence ! voici les domestiques. Allez vous mettre à vos places.

(Les domestiques apportent la table servie. — Mme Desgranges, Henri et Madeleine gagnent tristement leurs places.)

DESGRANGES, aux domestiques.

C'est bien ! laissez-nous. (*Ils sortent.*)

MADAME DESGRANGES, poussant un cri, après avoir déplié sa serviette, sous laquelle se trouve l'écrin.

Ciel !

HENRI, de même.

Mon Dieu !

MADAME DESGRANGES

Mes diamants ! mon écrin !

HENRI, avec un cri de joie, montrant un papier.

Ce bon sur le Trésor ! ce bon de vingt-cinq mille francs !

TOUS TROIS, courant à lui.

Mon père !... mon ami !... cher monsieur Desgranges !

DESGRANGES, se dégageant de leurs embrassements.

C'est bon ! c'est bon ! vous ne m'appelez plus égoïste maintenant ! Eh bien ! ma prévoyance avait-elle raison ?

Comprenez-vous enfin qu'il faut qu'un père reste toujours plus riche que ses enfants, fût-ce... ne fût-ce, mes amis, que pour pouvoir les sauver parfois de la ruine et du désespoir !... Seulement, mon gendre, ne recommencez plus... parce que je ne pourrais pas recommencer.

La toile tombe.

PATUREL

Comédie en un Acte

Par M. HENRI MEILHAC

PERSONNAGES

LA COMTESSE NAVAGERO,
HORACE DE GINESTY,
JOSEPH, domestique.

Paris de nos jours. — Un salon.

PATUREL

SCÈNE PREMIÈRE

LA COMTESSE, JOSEPH.

(La comtesse inquiète, préoccupée; Joseph immobile devant elle.)

JOSEPH

Madame?

LA COMTESSE, sans faire attention à lui.

Comment cela se terminera-t-il, mon Dieu! comment parviendrai-je à m'en tirer!... C'est vous, Joseph?

JOSEPH

Oui, madame.

LA COMTESSE

Qu'est-ce que vous voulez?...

JOSEPH

Est-ce que madame n'a pas sonné?...

LA COMTESSE

Ah! c'est vrai. Cette lettre que j'ai écrite hier en rentrant, à onze heures du soir, et que je vous ai donnée?

JOSEPH

Je l'ai portée, madame.

LA COMTESSE

Vous l'avez portée?...

JOSEPH

Oui, madame.

LA COMTESSE

Tout de suite?...

JOSEPH

Tout de suite...

LA COMTESSE

Et vous l'avez portée où il fallait?...

JOSEPH

Je l'ai portée au théâtre dont le nom était indiqué sur l'adresse.

LA COMTESSE

A ce théâtre-là et pas un autre?

JOSEPH

Certainement non, madame.

LA COMTESSE

C'est bien alors, c'est bien, Joseph! (*Joseph sort.*) Qu'on vienne après cela dire que le premier mouvement est le bon... Je suis arrivée à Paris depuis deux jours; hier je dîne chez madame de Méré... je trouve là madame de Lauwereins et la baronne de Croisilles, on me présente; à peine présentée, on me cajole, on m'embrasse. La baronne m'emmène dans un coin du salon. — Il faut nous rendre un grand service, petite belle, il faut nous sauver plus que la vie... — Quoi faire pour cela, mon Dieu? — Voilà : dans quinze jours, nous jouons l'*Amour qué qu'cest qu'ça?*... en petit comité, devant deux ou trois cents intimes. Mme de Lauwereins joue Suzanne, moi je jouerai Blaisinet... Mais Zerline, nous n'avons personne pour jouer Zerline; petite belle, il faut me jurer que vous jouerez Zerline! — Je jouerai Zerline, ai-je répondu, sans trop savoir ce que je disais... — Ah! comme je vous aime! — Là-dessus la baronne m'a quittée pour aller annoncer à tout le monde que je jouerais Zerline... et un quart d'heure après, qui est-ce qui n'était pas contente de s'être engagée à jouer Zerline? C'était moi. — Cette invitation cachait un piége... Mme de Lauwereins et la baronne sont des comédiennes consommées... elles ont déjà joué la comédie cinq ou six fois... moi, jamais; elles le savaient bien, pour elles deux le succès... pour elles deux les applaudissements, tandis que moi, pauvre petite!... Après le dîner, on s'est mis à parler de la pièce que nous devions jouer toutes les trois. On a parlé en même temps d'un certain Paturel, un acteur qui jouait dans cette pièce, qui jouait le rôle de Pitou, et qui faisait courir tout Paris tant il était drôle... Une idée m'est venue... le premier mouvement. — Je m'en vais tout bonnement, me suis-je dit, je m'en vais tout bonnement écrire à ce monsieur Paturel de venir me faire répéter chez moi demain à quatre heures... Il viendra, je le prierai d'accepter un billet de cinq cents francs, je répéterai une ou deux fois avec lui, et le jour de la représentation je serai admirable... Sur ce beau raisonnement, je me sauve, je rentre et j'écris à monsieur Paturel; ma lettre part. (Elle sonne, entre Joseph.)

JOSEPH

Madame...

LA COMTESSE

On l'a bien remise à M. Paturel, cette lettre?

JOSEPH

Oui, madame.

LA COMTESSE

Vous êtes sûr?

JOSEPH

Tout à fait sûr, madame; M. Paturel était en train de jouer dans la dernière pièce, la concierge du théâtre m'a dit qu'elle allait immédiatement lui faire donner cette lettre.

LA COMTESSE

C'est bien, Joseph... (*Joseph sort.*) Aujourd'hui, première répétition chez Mme de Lauwereins. Je ne savais pas un mot de mon rôle, mais j'étais bien tranquille... Je me disais : à quatre heures, M. Paturel viendra, je répéterai avec lui, et une fois que j'aurai répété avec M. Paturel... et voilà que justement l'on s'est mis à en reparler de ce M. Paturel, et que la conversation me l'a fait apparaître sous un aspect tout à fait inattendu... on a raconté ses bonnes fortunes!... et il y en avait, il y en avait!... Toutes les comédiennes de son théâtre l'ont adoré... C'est au moins ce que nous disait M. de Bobinet. Il a cité une demoiselle Blanche Taupier, qui est aimée à la fureur par un des hommes les plus aimables de Paris, le comte Horace de Ginesty, et qui, malgré cela, est folle, à ce qu'il paraît, mais absolument folle de l'irrésistible Paturel. Mme de Haute-Venue alors a pris la parole : — Si c'est de cette sorte de femmes qu'il s'agit, passe... Mais convient-il d'appeler cela des bonnes fortunes? Ce que je n'admettrai jamais, c'est qu'une personne d'un certain monde ait pu songer... — Eh! mon Dieu! qui sait? a riposté M. de Bobinet... — Sur ce mot il y eut un tel éclat de rire et un tel hourra, que la répétition en fut interrompue tout net. Je suis rentrée chez moi, un peu inquiète, un peu nerveuse et, en somme, pas contente du tout d'avoir écrit cette maudite lettre... Voyez donc si par hasard ce M. Paturel s'était allé mettre en tête!... C'est à quatre heures que je lui ai dit de venir, et il est quatre heures moins cinq... et j'ai beau chercher, je ne trouve rien, je n'imagine rien... Fermer ma porte après lui avoir écrit... c'est impossible. Et puis, je ne sais comment dire... Au fond, j'ai une envie folle de le voir (*En riant.*) surtout depuis qu'on m'a dit... un Paturel!... (*Redevenant sérieuse.*) Et pourtant, je serais bien aise s'il ne venait pas. (*Elle sonne. Entre Joseph.*)

JOSEPH

Madame?...

LA COMTESSE

Voyons, Joseph, mon bon Joseph, il était bien tard quand je vous ai donné cette lettre. Je vous assure que si vous ne l'aviez pas portée, je ne vous en voudrais pas.

JOSEPH

Mais, madame.

LA COMTESSE

Je vous en remercierais même.

JOSEPH

Mais, je demande pardon à madame... En vérité, je ne sais plus... Cette lettre je l'ai portée, madame, je l'ai portée moi-même.

(Coup de sonnette.)

LA COMTESSE

Ah! on a sonné, Joseph!...

JOSEPH

Oui, madame...

LA COMTESSE

Et il est quatre heures!...

JOSEPH

Je vais voir qui est là, n'est-ce pas, madame?

LA COMTESSE

Oui, allez, Joseph, allez... (*Joseph sort.*) Je vais le laisser entrer, j'ai trop envie de le voir; mais dès que je l'aurai vu, je lui remettrai ceci. (*Elle prend un billet de banque.*) Je lui dirai que je suis désolée de l'avoir dérangé inutilement, mais que, pour le moment, il m'est impossible, tout à fait impossible, à cause d'un violent mal de tête... (*Rentre le domestique.*) Eh bien, Joseph?...

JOSEPH

C'est monsieur Paturel, madame.

LA COMTESSE

Monsieur Paturel?

JOSEPH

Oui, madame.

LA COMTESSE

Comment est-il ?

JOSEPH

Comment il est ?

LA COMTESSE

Oui, quel homme est-ce ? comment est-il habillé ?

JOSEPH

Mais... c'est... en vérité madame me trouble, c'est un homme comme les autres, il est habillé comme madame et comme moi...

LA COMTESSE

Qu'est-ce que vous dites ?

JOSEPH, perdant la tête.

Ah! madame.

LA COMTESSE

Comme madame et comme moi! voilà que cela commence... La maison devient folle... Enfin faites entrer monsieur Paturel. (*Joseph sort.*) J'ai le billet... bien. Tâchons maintenant de ne pas nous mettre à rire. (*Joseph rentre.*)

JOSEPH

Monsieur Paturel !

LA COMTESSE

Est-ce qu'il va entrer en marchant sur les mains ?...

SCÈNE DEUXIÈME.

LA COMTESSE, HORACE

HORACE

Madame...

LA COMTESSE

Bien, voilà que je n'ose pas le regarder, maintenant.

HORACE, saluant de nouveau.

Madame...

LA COMTESSE

Il faut bien cependant. (*Elle le regarde et donne les signes du plus complet étonnement.*) Ah!... tiens... mais... mon Dieu, monsieur, il y a erreur sans doute... il me semble que Joseph a dit :

HORACE

Monsieur Paturel, madame.

LA COMTESSE

Monsieur Paturel?

HORACE

Oui, madame.

LA COMTESSE

C'est vous?

HORACE

C'est moi.

LA COMTESSE

Artiste au théâtre de...?

HORACE

Oui, madame.

LA COMTESSE

C'est vous?...

HORACE

C'est moi.

LA COMTESSE

Ah!

HORACE

J'ai reçu hier soir une lettre de vous, madame... Cette lettre disait que, ne sachant trop comment vous y prendre pour jouer un rôle dans une des pièces de mon répertoire, vous me demandiez de venir ici, aujourd'hui, à quatre heures, vous faire répéter ce rôle. C'est bien cela, n'est-ce pas?

LA COMTESSE

C'est bien cela.

HORACE

Voici votre lettre, madame.

LA COMTESSE, à part.

Ma lettre!...

HORACE

Voulez-vous la reprendre? (*En souriant.*) Je vous assure, madame, que vous ferez très-bien de la reprendre.

LA COMTESSE

Hein! (*Elle le regarde en silence.*) Ma lettre... (*Elle la prend, et alors d'une main elle tient la lettre, de l'autre le billet de cinq cents francs; elle s'aperçoit que le regard d'Horace est attaché sur ce billet. Jeu de scène. Elle jette le billet et la lettre sur la table.*) Je vous remercie beaucoup d'avoir bien voulu me rendre le service que je vous ai demandé. Asseyez-vous, monsieur.

HORACE

(*Moment de silence. La comtesse examine Paturel avec beaucoup de curiosité.*) Madame... je vous demande pardon, madame... Est-ce que vous avez déjà joué la comédie?... Vous comprenez, j'ai besoin de savoir.

LA COMTESSE

Jamais, monsieur.

HORACE

Jamais?...

LA COMTESSE

Ce sera plus difficile, alors!

HORACE

Au contraire, madame, au contraire!...

LA COMTESSE

Ah!

HORACE

Et quand devez-vous...? Je vous demande bien pardon, madame, quand devez-vous jouer cette pièce?

LA COMTESSE

Dans quinze jours, monsieur.

HORACE

Dans quinze jours, c'est très-bien, et... pour la troisième fois, madame, je vous demande pardon, avec qui devez-vous jouer, s'il vous plaît? Vous comprenez, il faut absolument que je sache...

LA COMTESSE

C'est M. de Bobinet qui jouera le rôle que vous jouez, vous!

HORACE

M. de Bobinet jouera Pitou; et les autres rôles?

LA COMTESSE

Les autres rôles seront joués par Mme de Lauwereins et Mme la baronne de Croisilles, vous connaissez?

HORACE

Parfaitement.

LA COMTESSE, sautant.

Vous avez dit...

HORACE

Qu'est-ce que j'ai dit?

LA COMTESSE

Je vous ai demandé si vous connaissiez Mme de Lauwereins et Mme la baronne de Croisilles... Vous avez répondu : Parfaitement!

HORACE

Mais... sans doute, madame; de la scène à l'avant-scène, on se connaît parfaitement... je ne changerai pas le mot... L'on ne s'est jamais parlé, cela est vrai... peut-être même ne se parlera-t-on jamais, à moins qu'une circonstance exceptionnellement heureuse, comme celle à laquelle je dois en ce moment l'avantage... (*Regard de la comtesse.*) On ne s'est jamais parlé, on ne se parlera jamais, mais on se connaît. Avant d'entrer en scène, nous ne manquons jamais de regarder à droite et à gauche, afin de voir s'il y a, dans les loges ou à l'orchestre, quelqu'une des personnes que nous sommes habitués à y voir et par qui nous savons que notre façon de jouer est particulièrement goûtée... C'est ce que nous appelons avoir notre salle... Ainsi, moi... madame, moi!...

LA COMTESSE

Eh bien, monsieur...

HORACE, avec force.

Je ne joue véritablement que lorsque j'ai ma salle.

LA COMTESSE

Et alors vous faites à Mme de Lauwereins et à Mme de Croisilles l'honneur de les compter au nombre de ces personnes?

HORACE, froidement.

Oui, madame.

LA COMTESSE, nerveuse.

Ah! nous allons bien voir... Vous avez apporté une brochure, monsieur?...

HORACE

Une brochure? Ma foi, non, madame. Est-ce que vous n'avez pas...?

LA COMTESSE

Si fait, j'en ai une pour moi... Mais vous?

HORACE

Moi?...

LA COMTESSE

Oui... vous... pour me faire répéter.

HORACE

Je n'ai pas besoin de la brochure, moi, madame; j'ai joué le rôle deux ou trois cents fois...

LA COMTESSE

Vous le savez, alors, ce rôle?

HORACE

Assurément, je le sais.

LA COMTESSE

Vous le savez... Et si maintenant, là, tout de suite, je vous disais une phrase au hasard.., vous pourriez dire la phrase suivante.

HORACE

Mais, sans doute...

LA COMTESSE

Nous allons voir, par exemple... (*Feuilletant la brochure avec vivacité.*) Nous allons voir...

HORACE

Nous allons voir, madame... Seulement, n'est-ce pas? vous aurez la bonté de me dire dans quelle scène se trouve cette phrase?... parce que nos auteurs se répètent quelquefois. Et alors.

LA COMTESSE

Je veux bien; voyons, scène dixième : *Zerline, Pitou. Zerline dans un fauteuil.*

HORACE

Zerline dans un fauteuil... Bien, bien; j'y suis.

LA COMTESSE

A la fin de cette scène. Est-ce assez clairement indiqué comme cela? Je vais dire une phrase et vous répondrez, vous pourrez répondre?

HORACE, un peu inquiet.

Mais, je crois...

LA COMTESSE

Vous n'avez plus l'air d'être bien sûr?

HORACE, se remettant.

Si fait, madame, si fait; mais, en vérité, je ne comprends pas bien...

LA COMTESSE

Voyons, voyons (*Lisant*) : « Monsieur Pitou, vous êtes un galant homme.»

HORACE

Ah! madame.

LA COMTESSE, suivant sur la brochure.

Ce n'est pas cela... il n'y a pas : Ah! madame... Il y a...

HORACE

Mais non... je dis : Ah! madame, ce n'est pas du tout comme cela qu'il faut dire.

LA COMTESSE

Il ne s'agit pas de moi maintenant. Je dis une phrase, je vous prie seulement de dire la phrase suivante; recommençons (*lisant*) : « *Monsieur Pitou, vous êtes un galant homme.* »

HORACE

Scène dixième?

LA COMTESSE

Oui, scène dixième : *Zerline, Pitou.*

HORACE

A la fin de la scène, Zerline dit : « *Monsieur Pitou, vous êtes un galant homme.* »

LA COMTESSE

Oui...

HORACE

Et moi, je réponds...

LA COMTESSE

Vous répondez?

HORACE, jouant.

J'suis galant dans mes p'tits moments, mamzelle.

LA COMTESSE, à part.

C'est cela; continuons. (*Lisant.*) *Si vous saviez le motif qui me conduit ici...* A vous?...

HORACE, jouant.

« *Je m'en doute, l'moulin du bourgeois qu'vous voulez épouser.* »

LA COMTESSE

C'est son oncle qui a eu l'idée de ce mariage là...

HORACE

Mais, madame, réfléchissez donc, madame, c'est une paysanne qui parle. Il ne faut donc pas...

LA COMTESSE, impatientée.

C'est son oncle qui a eu l'idée de ce mariage-là...

HORACE, jouant.

Je ne m'y oppose pas, pour ma part, quoi qu'ce soie joliment vexant... (*Voix naturelle.*) Vous voyez, moi, je parle comme un paysan.

LA COMTESSE, à part.

C'est bien cela, il sait le rôle.

HORACE

Mon Dieu, madame, j'ai peur... Je vous prie de ne pas prendre mal cette observation, mais j'ai peur qu'en suivant la marche que vous avez adoptée, nous n'arrivions pas à des résultats... car enfin, madame, puisque c'est vous qu'il s'agit de faire répéter, il me semble...

LA COMTESSE

Là... voyons, décidément.... Est-ce que vous êtes bien monsieur Paturel?...

HORACE

Comment, si je suis...?

LA COMTESSE

Oui.

HORACE

Mais certainement, madame ! Et qui serais-je donc, je vous en prie, qui serais-je donc, si je n'étais pas M. Paturel ?...

LA COMTESSE

Ah ! ça, par exemple, je n'en sais rien !

HORACE, digne.

Madame.

LA COMTESSE

Mon étonnement n'a rien qui puisse vous blesser, monsieur.

HORACE

Oh ! madame.

LA COMTESSE

Je ne suis à Paris que depuis deux jours. Je n'ai pas encore eu le plaisir de vous voir jouer.

HORACE

La première fois que vous me ferez l'honneur de venir au théâtre...

LA COMTESSE, riant.

Vous aurez votre salle, ce jour-là ?

HORACE

Oui, madame, et vous verrez.

LA COMTESSE

Hier, j'ai beaucoup entendu parler de vous, et là, vraiment... ce que l'on m'a dit ne s'accorde pas du tout avec ce que je vois. On prétendait que vous devez votre succès, d'abord à l'esprit avec lequel vous interprétez vos rôles, bien entendu, mais aussi à la prodigieuse bouffonnerie de vos façons... et, comment dirai-je? à la non moins prodigieuse bouffonnerie de votre personne. On racontait que dans la pièce que vous jouez maintenant, vous entrez en donnant du nez contre le décor, en tournant trois ou quatre fois sur vous-même et que vous continuez en faisant la culbute...

HORACE

C'est vrai, madame, et si cela est absolument nécessaire pour vous convaincre... je suis tout prêt à...

LA COMTESSE

Non, je vous remercie... On disait que tout en vous était tourné vers le grotesque, et vers le grotesque le plus exagéré... les gestes, la figure, la voix... et, tenez, justement quant à la voix... il y avait là un jeune homme qui, en prononçant les phrases les plus simples, faisait rire aux éclats, parce qu'il les prononçait comme il paraît que vous les prononcez, vous...

HORACE

Ah! il faisait rire avec cela?

LA COMTESSE

Oui. Eh bien, cette phrase que vous venez de dire « Ah! il faisait rire avec cela!... » vous sentez bien que s'il l'avait dite comme vous la dites maintenant, il n'aurait pas fait rire du tout.

HORACE

Il la disait autrement?

LA COMTESSE

Oui...

HORACE

Comme ceci, peut-être... (*Voix et mouvement grotesques.*) Ah ! il faisait rire avec cela !

LA COMTESSE

A la bonne heure !

HORACE

Et vous êtes étonnée de ne pas m'entendre toujours parler de cette façon-là ?

LA COMTESSE

Un peu, je l'avoue.

HORACE

Il y a là une question d'honnêteté. Oui, madame, une question d'honnêteté ! — On nous paie... et quelquefois même on nous paie assez cher, pour être drôles, le soir, de telle heure à telle heure, dans un endroit convenu. — Vous comprenez bien que, si nous nous avisions d'être drôles hors de cet endroit et à d'autres heures que les heures prescrites, nous manquerions de la façon la plus grave aux engagements que nous avons pris ! — Si nous faisions rire les passants dans la rue, les passants n'éprouveraient plus du tout le besoin d'aller nous voir au théâtre pour rire un peu...

LA COMTESSE

Pas du tout la voix.

HORACE

Comment ?

LA COMTESSE

Pas du tout la voix que prenait ce jeune homme quand il prétendait imiter M. Paturel.

HORACE, voix et mouvement grotesques.

Mais je vous répète, madame, que si je parlais de cette açon-là hors du théâtre, mon directeur aurait le droit de me faire un procès.

LA COMTESSE

Oh! comme cela, oui.

HORACE

Voilà pour la voix. Quant à la bouffonnerie du visage, ai-je besoin de vous dire que cela s'obtient avec du blanc, du rouge et une perruque faite d'une certaine façon et posée de travers.

LA COMTESSE, découragée.

A la bonne heure. Voulez-vous me faire répéter un peu ce rôle, monsieur?

HORACE

Certainement, madame, puisque c'est pour cela que je suis venu. Nous commencerons quand il vous plaira...

LA COMTESSE

Mais tout de suite. (*Elle le regarde encore.*)

HORACE, riant.

Eh bien, madame.

LA COMTESSE

Enfin, commençons... mais d'abord, une chose très-importante. Vous essaierez de me le faire jouer le mieux possible, n'est-ce pas, ce rôle?...

HORACE

Sans aucun doute, madame.

LA COMTESSE

Sans aucun doute. Eh bien, dites-moi... Est-ce que vous allez m'apprendre à...?

HORACE

Vous apprendre à...?

LA COMTESSE

Non, rien...

HORACE

Mais, dites-moi, madame.

LA COMTESSE

Non, rien... je vous demande pardon, je me suis trompée, je n'avais rien à vous dire... Commençons, monsieur.

HORACE

Commençons, madame; nous prendrons, si vous le voulez, la scène sur laquelle vous avez eu la bonté de m'interroger tout à l'heure.

LA COMTESSE

Zerline et Pitou?

HORACE

Oui, madame... Zerline est dans un fauteuil, endormie, ou du moins faisant semblant de dormir.

LA COMTESSE

Oui...

HORACE, avançant un fauteuil.

Voulez-vous, madame...?

LA COMTESSE

Est-ce bien ainsi?...

HORACE

Oui, c'est très-bien... c'est très-bien... la tête un peu renversée... et la main... là... sur le bras du fauteuil... Je vous en prie, madame, un peu plus de naïveté, c'est une paysanne... Là... c'est parfait ! J'arrive alors par le fond, moi, Pitou. (*Il va au fond.*) Et je dis : *Elle est seule... si je pouvions m'assurer.* (*La comtesse se retourne brusquement et regarde.*) Je vous en prie, madame, ne vous retournez pas...

LA COMTESSE

C'était pour voir.

HORACE

Mais puisque vous ne devez pas me voir. Je vous en prie, madame... « *Elle est seule, si je pouvions m'assurer.* » Comme je suis bien paysan, moi, vous entendez. « *Elle est seule, si je pouvions m'assurer.* »

LA COMTESSE

C'est à ce moment que vous êtes si drôle, il paraît.

HORACE

Comment?

LA COMTESSE

Oui, pendant que vous dites cette phrase, vous descendez un escalier.

HORACE

En effet, madame, il y a au fond du théâtre un escalier, et je descends.

LA COMTESSE

On m'a dit qu'arrivé aux dernières marches vous manquiez de tomber, que vous vous rattrapiez à la rampe, que vous glissiez et que vous finissiez par rouler... Je vous en prie, donnez-moi au moins une légère idée.

HORACE

Et comment voulez-vous que je m'y prenne, madame, pour vous donner... ?

LA COMTESSE

M. de Bobinet, celui qui doit jouer votre rôle, a essayé hier soir de nous donner une légère idée. Malheureusement, il est tombé tout de son long.

HORACE

L'exemple n'a rien de particulièrement encourageant.

LA COMTESSE

Ce n'est pas la même chose, et je suis bien sûre que si vous vouliez...

HORACE

Mais non, madame, mais non !

LA COMTESSE

Puisque vous l'avez fait au théâtre, je ne sais combien de fois.

HORACE

Au théâtre j'ai un escalier que je connais, mon escalier à moi. J'ai toutes mes petites affaires au théâtre, et alors, je ne risque pas... tandis qu'ici... Et puis, en vérité, je vous demande pardon de vous dire cela pour la seconde fois, madame, je pensais qu'il s'agissait de vous faire jouer la comédie, à vous et non à moi...

LA COMTESSE

C'est vrai, au fait. (*Elle se remet dans le fauteuil.*) Là.. commençons, monsieur.

HORACE

Commençons, madame.

(Jeu de scène interrompu par l'entrée de Joseph.)

LA COMTESSE

Qu'est-ce que c'est, Joseph? (*Joseph lui remet une carte. — Bas à Joseph.*) Il est là, M. de Frondeville?...

JOSEPH

Oui, madame, M. de Frondeville attend madame.

LA COMTESSE

C'est bien... (*Joseph sort.*) C'est un parent de mon mari, monsieur...

HORACE

Madame.

LA COMTESSE

Vous ne m'en voudrez pas si je vous laisse seul pendant un instant... je vais vite le renvoyer.

HORACE

Ne vous occupez pas de moi, madame, je vous en prie.

LA COMTESSE

Dans un instant, monsieur Paturel, je serai revenue... dans un instant... Vous entendez, monsieur Paturel ?...

HORACE

Oui, madame, j'entends.

SCÈNE TROISIÈME

HORACE. (Il regarde autour de lui avec précaution ; dès qu'il est bien sûr d'être seul, il tire de sa poche une brochure pareille à celle que tenait la comtesse.)

HORACE

Repassons-le un peu le rôle de Pitou, repassons-le un peu... cela ne peut pas nuire ! Et qu'on ose, après cela, dire du mal des jeunes comédiennes !... Il est évident que si je n'avais pas eu maintes fois le plaisir de faire répéter Mlle Blanche Taupier, je n'aurais pas, moi, Horace de Ginesty, l'honneur de remplacer aujourd'hui M. Paturel et de faire répéter Mme la comtesse... Il est vrai que jusqu'à présent nous n'avons rien répété du tout, mais à la fin il faudra bien y arriver à cette répétition... et alors... Repassons-le un peu le rôle de Pitou, repassons-le un peu ! « *Elle est seule, si j'pouvions m'assurer.* » Là-dessus je descends l'escalier... Pourquoi donc tenait-elle à me faire casser le cou ? — Et Zerline est là, dans ce fauteuil... toujours faisant semblant de dormir... et Zerline dit : « *Est-ce qu'il ne va pas m'embrasser ?...* » Hum ! comment nous y prendrons-nous pour répéter cette scène ?...

Elle est vraiment très-gentille, cette petite comtesse... et à chaque parole qu'elle dit, elle a si bien l'air de se moquer de moi ! « *Est-ce qu'il ne va pas m'embrasser ?...* » C'est à cause de cette scène-là que je me suis résigné à couper mes moustaches... il fallait bien ressembler à M. Paturel... « *Est-ce qu'il ne va pas m'embrasser...* » Enfin, quand nous en serons là, nous verrons... « *Est-ce qu'il ne va pas...* » Là-dessus je m'approche et je dis... qu'est-ce que je dis... « *Ma foi ! tant pire pour le patron* ». Voilà une phrase que je ne saurai jamais prononcer comme Paturel... « *Ma foi ! tant pire pour le patron* » ; je n'y arriverai jamais... Enfin, il n'est heureusement pas nécessaire de ressembler absolument au modèle ; l'important est de savoir, de savoir imperturbablement... et je saurai. (*Il marmotte en apprenant le rôle sur la brochure.*) Je saurai... je saurai... (*La porte s'ouvre, Horace remet brusquement la brochure dans sa poche et prend un des albums qui sont sur la table. Entre la comtesse.*)

SCÈNE QUATRIÈME

LA COMTESSE, HORACE

HORACE, regardant l'album.

C'est d'Eugène Lami, cela !

LA COMTESSE, comprimant pendant la première partie de la scène une violente envie de rire.

Ah ! vous connaissez aussi... ?

HORACE

Oh! oui, madame, je connais. — Eugène Lami, Alfred de Musset. Alfred de Musset, Eugène Lami. Je ne puis voir un dessin de l'un sans qu'il me vienne à l'esprit quelque page de l'autre.

LA COMTESSE

Et réciproquement, sans doute? quand vous lisez une page...

HORACE

Et réciproquement, oui, madame...

LA COMTESSE

Vous lisez Alfred de Musset, monsieur Paturel?

HORACE

Certainement, madame.

LA COMTESSE

A quel moment donc?...

HORACE

Mais, tous les soirs, en sortant du théâtre; c'est comme cela que je me console de toutes les bêtises que m'ont fait dire mes auteurs...

LA COMTESSE

Je vous demande pardon de vous avoir laissé seul, monsieur; maintenant, on ne nous dérangera plus, et nous pouvons répéter tout à notre aise.

HORACE

Alors, madame, si vous voulez...?

LA COMTESSE

Ah! oui... le fauteuil... Zerline... Sans doute, monsieur, je veux bien. (*Elle se replace dans le fauteuil.*)

HORACE, frisant une moustache absente.

« *Ma foi! tant pire pour le patron...* »

LA COMTESSE

Qu'est-ce que vous dites?

HORACE

Rien, madame... c'est une phrase de mon rôle... Je dis cela pour me remettre au ton.

LA COMTESSE

Oui... oui.. je comprends. (*Elle le regarde et manque d'éclater.*)

HORACE

Eh bien, madame?...

LA COMTESSE

Eh bien, monsieur Paturel... je vous disais tout à l'heure que l'on avait parlé de vous devant moi, je ne vous ai pas répété tout ce que l'on avait dit... je vous ai laissé croire que l'on avait seulement parlé de votre façon de jouer... cela n'est pas tout à fait exact... Les confidences sont allées plus loin, beaucoup plus loin...

HORACE

Ah! alors, madame. .?

LA COMTESSE

Alors quoi, monsieur?

HORACE

Nous ne répétons pas encore?

LA COMTESSE

Mon Dieu! monsieur Paturel, est-ce que vous seriez pressé?

HORACE

Moi, pas du tout... madame...

LA COMTESSE

A la bonne heure! Donc les confidences sont allées loin, très-loin sur votre compte. Elles ont fini même par prendre un caractère tout à fait intime.

HORACE

Tout à fait intime?

LA COMTESSE

Oui. Certainement je ne vous aurais pas parlé de cela tout à l'heure, quand nous ne nous connaissions pas... mais maintenant que nous avons passé une demi-heure ensemble, nous sommes de vieilles connaissances... N'est-ce pas, monsieur Paturel, nous sommes de vieilles connaissances?...

HORACE, à part, avec inquiétude.

Ah! çà, qu'est-ce que cela signifie?...

LA COMTESSE

Et je puis bien maintenant vous répéter tout ce que l'on a dit...

HORACE

Tout ce que l'on a...

LA COMTESSE

Oui, tout.

HORACE, se rapprochant.

Vraiment, madame, je ne serais pas fâché de savoir.

LA COMTESSE

On a parlé de vos succès.

HORACE

Sur la scène?...

LA COMTESSE

Eh! non pas sur la scène... de vos succès particuliers, de vos succès d'homme à bonnes fortunes.

HORACE

Hein?

LA COMTESSE

Il paraît qu'il y a peu d'hommes à Paris qui soient aimés autant que vous l'êtes, monsieur Paturel.

HORACE

Oh! madame.

LA COMTESSE

Mais si, mais si, vous êtes adoré, — on me l'a dit, vous êtes adoré.

HORACE

Oh! madame.

LA COMTESSE

Je vous avouerai que d'abord je ne voulais pas le croire...

HORACE

Ah !

LA COMTESSE

Mon Dieu, non. Cette idée d'un personnage débitant des calembredaines et malgré cela aimé, aimé à cause de cela peut-être, refusait absolument de m'entrer dans l'esprit, et puis je ne voyais absolument en vous que l'homme aux culbutes, et alors... mais depuis que je vous connais mieux, depuis que je vous ai vu... depuis que j'ai eu le plaisir de causer avec vous...

HORACE

Madame, madame.

LA COMTESSE

Je ne vous dirai pas que je comprends absolument...

HORACE

Ah ! vous ne me direz pas... ?

LA COMTESSE

Non ; je ne vous dirai pas cela ; mais je vous avouerai que cette idée, qui d'abord m'avait paru tout à fait absurde... me paraît maintenant beaucoup moins extravagante, beaucoup moins inadmissible...

HORACE, à part.

Je ne sais plus où je vais, moi.

LA COMTESSE

Ainsi, vous êtes adoré, vous en convenez...

HORACE

Comment, j'en conviens! mais non, madame! je n'en conviens pas du tout...

LA COMTESSE

Ah! vous avez tort... on m'a donné des preuves, on m'a cité des noms... un surtout... Blanche Taupier...

HORACE

Oh! quant à celle-là...

LA COMTESSE

Une jeune actrice de votre théâtre; on la dit fort jolie.

HORACE

En effet, madame, elle est très-jolie.

LA COMTESSE

Beaucoup d'esprit...

HORACE

Énormément d'esprit ; oui, madame.

LA COMTESSE

Et, dans toute sa personne, une rare distinction.

HORACE

Le fait est, madame, qu'il est difficile d'imaginer une personne qui soit plus distinguée que Blanche Taupier.

LA COMTESSE

Et elle vous aime.

HORACE, modeste.

Oh! elle m'aime...

LA COMTESSE

Non?

HORACE

Je ne dirai pas qu'elle m'aime, mais enfin, j'ai quelque lieu de croire... Je vous assure, madame, que je ne m'attendais pas du tout à ce genre de conversation. Quant à Blanche Taupier, puisque vous m'avez fait l'honneur de me parler d'elle... j'avouerai, en effet, que j'ai quelque lieu de croire...

LA COMTESSE

Elle est folle de vous tout uniment.

HORACE

Oh! folle.

LA COMTESSE

Mais si... tout Paris le dit : Blanche Taupier est folle de Paturel!

HORACE, furieux.

Comment folle de Paturel!...

LA COMTESSE

Voilà ce que dit tout Paris...

HORACE

Mais pas du tout, madame, pas du tout... Blanche Taupier!... Blanche Taupier est une femme trop... Enfin,

Blanche Taupier n'est pas folle de Paturel ! Si Paris dit cela, Paris ne sait ce qu'il dit.

LA COMTESSE

Vous vous fâchez ?...

HORACE

Je ne me fâche pas, mais enfin... Blanche Taupier folle de Paturel... par exemple !

LA COMTESSE

Mais puisque c'est vous qui êtes Paturel.

HORACE

Ah ! oui, au fait... puisque c'est moi qui suis...

LA COMTESSE

Est-ce que ce ne serait pas vous, par hasard ?...

HORACE

Si fait, madame, si fait, c'est moi.

LA COMTESSE

Pourquoi vous fâchez-vous alors ? Il me semble qu'il n'y a rien là qui doive vous fâcher... Vous devriez, au contraire, être particulièrement flatté de la préférence que vous accorde cette demoiselle, car elle est aimée, m'a-t-on dit, par un homme du meilleur monde, M. de Ginesty.

HORACE

Aïe !

LA COMTESSE

Vous connaissez ?...

HORACE

Pas du tout, madame.

LA COMTESSE

Ah! je croyais; comme vous m'aviez dit que de la scène à l'avant-scène on se connaissait parfaitement... Ainsi... cette Blanche Taupier...?

HORACE

Mon Dieu! madame.

LA COMTESSE

Eh bien! monsieur.

HORACE

Je vous assure derechef que je ne m'attendais pas du tout à ce genre de conversation... mais vous m'interrogez... je répondrai... Cette personne de qui nous parlons, je la connais un peu... Il ne m'appartient pas de dire si elle aime ou si elle n'aime pas ce M. de Ginesty...

LA COMTESSE

Que vous ne connaissez pas?...

HORACE

Que je ne connais pas... Mais ce que je sais bien, c'est que Blanche Taupier est incapable de lui préférer un Paturel!...

LA COMTESSE

Un Paturel...

HORACE

Oui, madame, Blanche Taupier est une personne trop distinguée...

LA COMTESSE

Mais, puisque c'est vous qui êtes Paturel, puisque c'est vous, puisque c'est vous!...

HORACE

Oui, oui, je sais bien.

LA COMTESSE

Je comprendrais votre fureur si, au lieu d'être Paturel, vous étiez M. de Ginesty. Est-ce que vous seriez M. de Ginesty, par hasard?...

HORACE, demandant grâce.

Eh! madame...

LA COMTESSE, n'en pouvant plus, éclatant.

Mais avouez... avouez donc.

HORACE

Eh! oui, madame, je suis M. de Ginesty... et vous le savez bien, il me semble...

LA COMTESSE

Sans doute, monsieur, je le sais... et je vous prie de croire que, si je ne l'avais pas su, je ne vous aurais pas raconté les jolies histoires que je vous raconte depuis un quart d'heure.

HORACE

Vous le savez .. et comment?...

LA COMTESSE

Ah! vous me permettrez d'abord de vous demander comment il se fait que vous soyez venu chez moi, monsieur.

HORACE

Mon Dieu, madame, c'est la chose la plus simple du monde.

LA COMTESSE

Dites alors.

HORACE

Hier, j'ai vu Mlle Blanche Taupier qui tenait à la main votre lettre...

LA COMTESSE

Ma lettre!

HORACE

Oui; la concierge du théâtre la lui avait remise au lieu de la remettre à Paturel.

LA COMTESSE

Elle est jalouse, il paraît, Mlle Taupier.

HORACE

Jalouse... Vous croyez?... mais non, elle m'a dit que c'était par erreur que la concierge lui avait...

LA COMTESSE

Ah! enfin, elle tenait ma lettre.

HORACE

Oui, madame, et je la lui ai prise cette lettre, et l'idée

m'est venue de vous la rapporter moi-même et de jouer cette petite comédie... parce que j'ai pensé...

LA COMTESSE

Parce que vous avez pensé...

HORACE

Parce que j'ai pensé que peut-être en écrivant cette lettre... vous aviez été quelque peu...

LA COMTESSE

Imprudente...

HORACE

Oui. Et qu'alors il valait mieux...

LA COMTESSE

Ah! mais c'est très-bien de votre part cela.

HORACE

Maintenant, je vous en prie, madame... Dites-moi comment vous avez découvert...

LA COMTESSE

C'est un de vos amis qui vient de me le dire.

HORACE

Un de mes amis ?

LA COMTESSE

Monsieur de Frondeville. Il est un peu cousin de mon mari, il savait que ma lettre était tombée entre vos mains, et, à tout hasard, il venait m'avertir.

HORACE

Et comment avait-il pu savoir?

LA COMTESSE

Il était allé chez Mlle Blanche Taupier.

HORACE

Lui aussi!...

LA COMTESSE

Je vous navre.

HORACE

Mais non... pas trop... quand nous étions deux, j'étais tout triste... maintenant que nous sommes trois, cela va un peu mieux.

LA COMTESSE

Vraiment? Eh bien causez un peu de cela avec M. de Frondeville, et je pense qu'au bout d'un quart d'heure de conversation vous irez tout à fait bien.

HORACE, saluant.

Je vais retrouver Frondeville et je le prierai de me ramener ici tout de suite et de me présenter.

LA COMTESSE

C'est fait.

HORACE

C'est fait?

LA COMTESSE

Oui; tout à l'heure, pendant que vous étiez ici tout seul... je n'ai pas jugé nécessaire de vous déranger pour cela.

HORACE

Mais alors, madame, si je vous suis présenté...

LA COMTESSE

Eh bien !

HORACE

Rien ne s'oppose à ce que je vous le fasse enfin répéter, ce rôle de Zerline.

LA COMTESSE

J'y compte bien... d'autant plus que je puis vous demander à vous ce que tout à l'heure je n'ai pas osé demander à M. Paturel.

HORACE

Qu'est-ce donc?...

LA COMTESSE

Je vais vous dire : il y a eu ce matin, à propos de cette pièce que nous devons jouer, une très-sérieuse discussion entre Mme de Lauwereins, la baronne et moi... La baronne disait oui... Mme de Lauwereins disait non... moi je ne disais rien... A la fin la baronne l'a emporté et il a été décidé qu'en jouant...

HORACE

Il a été décidé...?

LA COMTESSE

Il a été décidé qu'on cascaderait.

HORACE

Oh!

LA COMTESSE

Est-ce que vous pourrez m'apprendre à...?

HORACE

Certainement.

LA COMTESSE

Pas trop, cependant; pas trop... parce qu'enfin vous comprenez...

HORACE

Sans doute, madame, je comprends... cela dépend surtout du public devant lequel vous devez jouer.

LA COMTESSE

Mais, monsieur, nous devons jouer devant la plus haute société de Paris !

HORACE

Devant la plus haute...?

LA COMTESSE

Assurément.

HORACE, avec élan.

Oh! bien... alors (*se reprenant avec sang-froid*), il ne faut pas aller trop loin... Commençons-nous, madame?...

LA COMTESSE, dans le fauteuil.

Commençons, monsieur.

HORACE

Ah!

LA COMTESSE

Qu'est-ce que c'est encore...?

HORACE

Cette plaisanterie que j'ai voulu vous faire... .

LA COMTESSE

Eh bien! elle n'a pas réussi.

HORACE

Je le sais bien qu'elle n'a pas réussi. Si j'avais pu prévoir, c'est moi qui n'aurais pas coupé mes moustaches! (*A part.*) Cela m'enlève la moitié de mes avantages...

LA COMTESSE

Commençons-nous, monsieur?

HORACE

Nous commençons, madame. (*La comtesse se replace dans le fauteuil, Horace va au fond et commence à jouer.*) « Ma foi! tant pire pour le patron... »

(*La toile tombe.*)

LE MONDE RENVERSÉ

Comédie en un Acte, en Vers

Par M. HENRI DE BORNIER

PERSONNAGES

ERNEST.
THÉRÈSE.

Un salon dans un château. — Table de jeu. — Photographies dans leurs petits cadres sur la cheminée.

LE MONDE RENVERSÉ

SCÈNE PREMIÈRE

ERNEST, regardant par la fenêtre.

Il pleut... et je suis seul.
(S'approchant de la cheminée).
Regardons à notre aise,
Loin des regards moqueurs, ma cousine Thérèse :
Même en photographie elle est charmante, hélas !
Peut-être si j'osais... Mais je n'oserais pas !
(Il s'assied et regarde la photographie.)

SCÈNE DEUXIÈME

ERNEST, THÉRÈSE

THÉRÈSE

Tiens ! c'est vous, mon cousin ?

ERNEST, se levant.

Quoi ! c'est vous, ma cousine ?
Mais vous arrivez donc...

THÉRÈSE

    De la gare voisine.
Ce matin j'ai quitté Paris, et me voici.
Je voulais vous surprendre et j'ai bien réussi.
— Et votre mère, Ernest, ma tante, est là sans doute?

ERNEST

Eh bien non, vous venez de vous croiser en route ;
Mais elle reviendra ce soir même.

THÉRÈSE

      Très-bien.

ERNEST

Et vous nous resterez longtemps?

THÉRÈSE

      Ne craignez rien :
Huit jours, au plus !

ERNEST

     Huit jours seulement ! Ah ! Thérèse,
Si vous saviez combien de vous voir je suis aise !

THÉRÈSE

Et moi, mon bon Ernest !

ERNEST

      Oh ! vous... je le crains fort,
Paris aura raison, la campagne aura tort !

THÉRÈSE

Mais du tout, l'aspect seul de ces champs m'a ravie ;
Tout est plein de parfum, de lumière, de vie ;

J'adore ce vallon, votre petit château
Dominant le village, assis à mi-coteau,
Les grands bois, le moulin babillard, les prairies
Qui font au promeneur mille coquetteries,
Ces agneaux qu'on voudrait tenir sur ses genoux,
Tout est charmant ici. Nous amuserons-nous !

ERNEST

Bah ! Je ne croirai pas, si je n'en ai la preuve,
Que de pareils plaisirs puissent.....

THÉRÈSE

Quand on est veuve !

ERNEST, gaiement.

Oui, veuve !... et votre deuil vient de finir, voilà.....

THÉRÈSE

Vous vous frottez les mains en me disant cela ?

ERNEST

Si je suis égoïste, au moins je suis sincère :
En quoi votre mari m'était-il nécessaire ?
Il me gênait plutôt !

THÉRÈSE

Il vous gênait... Pourquoi ?

ERNEST

Oui, ne vous fâchez pas !

THÉRÈSE

Qu'est-ce que je prévoi ?...

ERNEST

Il faut donc vous le dire.....

THÉRÈSE

     Oh ! non, car je devine :
Vous, me faire la cour, à moi ! Bonté divine !
Çà, voyons, depuis quand cela vous a-t-il pris ?

ERNEST

Je ne m'attendais pas à de pareils mépris ;
Je ne répondrai pas, je ne veux pas vous dire
Que depuis bien longtemps...

THÉRÈSE

     Eh bien, quoi ?

ERNEST

       Je soupire.

THÉRÈSE

Il soupire ! vraiment ? Mais vous m'avertirez,
Car je tiens à vous voir quand vous soupirerez ;
Soupirez donc... voyons !

ERNEST

    Alors, daignez m'entendre.

THÉRÈSE

Au fait, je veux savoir quel air vous allez prendre.
J'en connais tant, mais tant, qui se ressemblent tous,
Que si vous n'êtes pas plus neuf, tremblez pour vous !

ERNEST, à part.

Je crois que je ferais mieux de prendre la fuite.

THÉRÈSE

Allons !

ERNEST

Thérèse, eh bien, oui, je vous aime !

THÉRÈSE

                                    Ensuite

ERNEST

Je vous adore...

THÉRÈSE

        Bien ! bien ! Mais changez un peu :
On n'est pas bon acteur sans varier son jeu.

ERNEST

Mon amour durera...

THÉRÈSE

            Que votre tête est dure !
Faites donc feu qui flambe et non pas feu qui dure !

ERNEST

Je me contenterais, Thérèse, de si peu !
Je ne demande pas que vous m'aimiez, mon Dieu !

THÉRÈSE

Gare ! le sentiment se met de la partie !

ERNEST

D'ici, de ce château, quand vous êtes partie,
Vous étiez moins cruelle. Hélas ! j'avais vingt ans,
C'était le dernier jour de notre beau printemps,
Vous en souvenez-vous de ces fraîches années ?
Reste-t-il un parfum aux couronnes fanées ?
Oui, sans doute ! Et pour moi, je crois vous voir souvent

Courir là, dans le parc, vos longs cheveux au vent ;
J'entends le timbre d'or de votre voix exquise ;
Petite, vous aviez de grands airs de marquise ;
Je n'en avais point peur, mais je vous admirais ;
Je vous aimais, la preuve est que je l'ignorais !
Oh ! la douce jeunesse et l'heureuse folie !
Que vous étiez charmante et mignonne et jolie,
Lorsque vous me disiez au moins vingt fois par jour :
« Mon bon petit cousin, viens me faire la cour ! »

THÉRÈSE

Ernest, voyons ! Ernest, songez ! Quelle folie !
Cela vous rend si laid de me trouver jolie !
Je ne veux plus railler, mais soyez juste aussi :
J'étais toute joyeuse en approchant d'ici ;
Je me disais : Adieu Paris ! adieu les fêtes !
Salut les bois charmants ! Les églogues sont prêtes !
J'arrive, et sur-le-champ vous me parlez d'amour...
Mon bon petit cousin, ne me fais pas la cour
Je vous tutoie encor : vous voyez, je suis bonne !
L'amour n'est qu'un journal, et l'on se désabonne ;
Mais l'amitié, du moins comme je la conçois,
C'est le livre qu'on aime et qu'on relit cent fois ;
Que vous faut-il de plus ? N'êtes-vous pas mon frère ?
Ne forçons point nos cœurs ; c'est toujours téméraire.
Gardons les sentiments que le temps nous donna,
L'amour qu'on veut avoir gâte celui qu'on a !
Donc, vous m'obéirez ?

ERNEST

        Non certes ; je vous aime.
Et rien ..

THÉRÈSE

Et moi, monsieur, je pars à l'instant même,
Je retourne à Paris.

ERNEST

Impossible !

THÉRÈSE

Pourtant...

ERNEST

Le dernier convoi vient de passer à l'instant ;
Vous êtes prisonnière ici.

THÉRÈSE

Je vous déteste,
Et je vais vous haïr, puisqu'il faut que je reste.

ERNEST

Thérèse...

THÉRÈSE

Laissez-moi !

ERNEST

Mais...

THÉRÈSE

Ainsi, je vous sers
De victime, monsieur ! Laissez-moi ! J'ai mes nerfs !
(Se laissant tomber dans un fauteuil.)

ERNEST

Ma vie est à vos pieds, Thérèse ; il faut m'entendre;
Croyez-moi, je serais le mari le plus tendre.....

THÉRÈSE, se levant d'un bond.

Mon mari ?... Taisez-vous ! Vous me faites des peurs !

ERNEST

Par grâce !

THÉRÈSE, se promenant tragiquement.

Laissez-moi, monsieur ; j'ai mes vapeurs !

ERNEST

Thérèse...

THÉRÈSE

Laissez-moi, fuyez ! je vous l'ordonne !

ERNEST

Du moins, pardonnez-moi...

THÉRÈSE

Non, folle qui pardonne !
Fuyez ! fuyez ! fuyez !

ERNEST

Maladroit que je suis !

THÉRÈSE

Eh bien ?...

ERNEST, sortant lentement à reculons, en la regardant.

Mon Dieu, je fuis ! vous le voyez, je fuis !

SCÈNE TROISIÈME

THÉRÈSE, seule.

Affreux Ernest! Mais non, j'ai ri : je suis contente!
(S'approchant de la cheminée.)
Ah! des portraits nouveaux?... Le portrait de ma tante,
Le mien, celui d'Ernest. Ernest... en vérité.
Photographe cruel! il ne l'a point flatté.

SCÈNE QUATRIÈME

THÉRÈSE, ERNEST

THÉRÈSE

Ernest?...

ERNEST

Chut! chut! Ceci, c'est de la tragédie!
D'ordinaire, je pars quand on me congédie.
Je partais donc, soumis à vos ordres; les dieux
Abrégent toutefois cet exil odieux :
Comme je m'éloignais, les yeux fixés à terre,
Sombre, morne, muet, un merle solitaire,
Que le bruit de mes pas sans doute réveillait,
S'est envolé d'un arbre, il sifflait! Il sifflait!
Il a volé d'abord à gauche, et puis à droite,
Il passait à travers le parc d'une aile adroite,

Et quand il a senti l'horizon des grands bois,
Je ne puis m'y tromper ! Il a sifflé trois fois !
Je me suis rappelé mon histoire romaine,
J'ai reculé soudain. C'est ce qui me ramène.

THÉRÈSE

Mais je ne comprends pas...

ERNEST

               Oh ! moi, je comprends bien :
Ce merle qui sifflait ne sifflait pas pour rien !
Ce sifflement moqueur disait : « Tu n'es qu'un lâche !
« Pour quelques mots d'amour ta cousine se fâche ?
« Elle te dit : Sortez ! Et tu sors ? malheureux !
« On n'obéit jamais quand on est amoureux !
« Rentre, fais-lui la cour, fais-la-lui de plus belle ;
« Sois certain qu'elle attend ton retour, la rebelle !
« Si tu tardes, c'est elle alors qui sifflera ! »
Ainsi parlait, avec plusieurs et cætera,
Le merle en question : j'ai compris son langage,
Et je rentre, Thérèse !

THÉRÈSE

               Et vous pensez, je gage,
Que le conseil du merle attendrira mon cœur,
Que vous triompherez avec ce ton moqueur ?

ERNEST

Qui sait ?

THÉRÈSE

        Vous me feriez pleurer de guerre lasse !
Ernest, Ernest... tenez... mettez-vous à ma place !

ERNEST

A votre place?

THÉRÈSE

Au fait, mais non, c'est insensé,
Et ce serait vraiment le monde renversé !

ERNEST

A votre place?

THÉRÈSE

Oh! oui!... si j'avais ce courage,
Pour réduire au silence un amour, dont j'enrage,
Je voudrais vous prouver, comme seul châtiment,
Que rien n'est ennuyeux plus que le sentiment,
Et que pour une pauvre et faible créature,
Être adorée ainsi n'est plus qu'une torture !

ERNEST

Je n'en crois rien.

THÉRÈSE

Rien? Ah! alors, nous allons voir.
Et je vais vous convaincre, Ernest; c'est mon devoir.
Nous allons à l'instant, monsieur, changer de rôle :
C'est moi qui vous ferai la cour !

ERNEST

C'est assez drôle.

THÉRÈSE

Vous croyez? vous verrez! Je vous ferai la cour
Sans pitié, sans remords, jusqu'à la fin du jour ;
En un mot, vous jouerez le rôle de la femme,
Moi le rôle de l'homme. Et garde à vous, madame !

ERNEST

Parfait !

THÉRÈSE

Oui, mais je veux gagner à ce traité
Quelque chose de mieux qu'un moment de gaîté.
A l'heure du dîner, à six heures, je pense,
Nous cesserons ce jeu qu'à l'instant je commence,
Et jusqu'à mon départ, à dater de ce jour,
Vous ne me direz pas le moindre mot d'amour.

ERNEST

J'accepte.

THÉRÈSE

Un mot encor : comme en cette entreprise,
L'espoir de vous convaincre est ce qui m'autorise,
Que vous abuseriez, en vous défendant mal,
D'une position qui n'a rien de normal,
Comme il vous serait trop commode de vous rendre,
En femme vertueuse il faudra vous défendre !

ERNEST

Je le jure.

THÉRÈSE

Si vous oubliez ce serment
Vous en serez puni...

ERNEST

Je demande comment.

THÉRÈSE

Comment?...
   (Allant vers la table de jeu.)
    J'aperçois là des jetons qui sans doute
Vont nous servir. Prenez ces dix jetons.

ERNEST

        J'écoute.

THÉRÈSE

Chacun de ces jetons représente un louis
Que nous distribuerons aux pauvres du pays;
Chaque fois qu'oubliant votre rôle de femme,
Monsieur, vous montrerez quelque faiblesse d'âme,
Vous devrez me remettre un de ces jetons-là,
Un louis par jeton.

ERNEST

    Oui, j'accepte cela;
Oui, mais je dois pourtant, dans le cas, je suppose,
Où je ne perdrais rien, y gagner quelque chose;
S'il me reste plusieurs jetons, il faudra bien
Que de me les payer vous trouviez un moyen.

THÉRÈSE

C'est juste. Eh bien, monsieur, cherchez dans votre tête
Le prix qu'à vos jetons vous entendez qu'on mette.

ERNEST, réfléchissant.

Donc, pour chaque jeton, par exemple, un baiser
Que je... que vous...

THÉRÈSE

   Non! non! non!

ERNEST

> Pourquoi refuser?

THÉRÈSE

Parce que.

ERNEST

Rien n'est dit alors, et je redouble
D'ardeur à vous parler d'amour.

THÉRÈSE

Ceci me trouble.
Et d'ailleurs, ces jetons, je les reprendrai tous;
Je peux compter sur moi d'abord, et puis sur vous,
Sur mon habileté, sur votre étourderie...

ERNEST

Sur vos charmes plutôt...

THÉRÈSE

Un jeton, je vous prie :
Vous venez de me faire un compliment!

ERNEST

Pardon !
La lutte n'était pas ouverte.

THÉRÈSE

Payez donc!

ERNEST

Non! non!

THÉRÈSE

Au fait, pourquoi le dépouiller si vite?
Il est d'autres périls qu'il faudra qu'il évite!

Donc, les rôles étant convenus entre nous,
Qu'on lève le rideau, je frappe les trois coups.
(Elle frappe du pied trois coups.)
Acteurs, beaucoup d'entrain et la mémoire exacte !
(Saluant le public.)
Le Monde renversé, comédie en un acte.
(Ernest, après un silence, va s'asseoir ; Thérèse s'éloigne un peu et le regarde de côté.)

THÉRÈSE, à part.

Réfléchissons d'abord.

ERNEST, à part.

Soyons grave ! Attendons.

THÉRÈSE, à part.

Il faut parler pourtant !

ERNEST, à part, apercevant et prenant une tapisserie sur la table.

Soyons muet. Brodons !
Brodons ; c'est dans mon rôle.

THÉRÈSE, à part.

Il faut que je le mate,
Et que ces dix jetons...

ERNEST, à part.

Soyons très-diplomate ;
Ma situation a du bon et du neuf.

THÉRÈSE, à part.

Dix jetons, dix baisers ; c'est trop... au moins de neuf !
Commençons donc l'attaque : il faut que je l'ennuie,
A le rendre avant peu triste comme la pluie !
En avant !
(Elle marche vers lui.)
Mon cousin, avez-vous de l'esprit ?

ERNEST, brodant.

Quand je n'ai rien de mieux.
(A part.)
Gare ! Elle me sourit.

THÉRÈSE

Vous n'avez aujourd'hui rien de mieux, je suppose?

ERNEST, prêt de faire un compliment.

J'ai...
(A part, en regardant les dix jetons.)
Mes jetons ! Faisons une petite pause.

THÉRÈSE, tournant autour de lui.

Eh bien, si vous avez de l'esprit, dites-moi
Pourquoi je suis heureuse en ce moment.

ERNEST

Pourquoi ?
Vrai ! J'ai beau me creuser la tête ; plus je creuse.....

THÉRÈSE

Moins vous trouvez ! Eh bien, ce qui me rend heureuse,
C'est de pouvoir vous dire, une fois par hasard,
Ce que je trouve en vous de bien : — votre regard...

ERNEST, à part.

Elle me raille ! Mais j'entends la raillerie.

THÉRÈSE

Cher cousin, relevez vos cheveux, je vous prie.
Bien ! C'est bien cela ! Front large, sourcils arqués,
Je ne les avais pas encor bien remarqués ;
Le nez... droit ! Type grec !

ERNEST, à part.

> Des compliments, en somme !

THÉRÈSE

Je tiens beaucoup au nez... c'est tout le gentilhomme.
Le menton très-correct ! Le galbe également.

ERNEST, à part.

Mais ce qu'elle fait là, c'est mon signalement !

THÉRÈSE

Voyons donc votre main, mon ami. Sur mon âme !
Je vous fais compliment : c'est une main de femme.
Les doigts longs, effilés ; des fossettes aussi...

ERNEST, à part.

Et dire que je suis femme en ce moment-ci !

THÉRÈSE, à part.

Je ne réussis pas. Pourquoi donc ? Je l'ignore ;
Il n'a pas du tout l'air de s'ennuyer encore.

ERNEST, à part.

Brodons, pour mieux fermer l'oreille à ces discours
(Haut avec un cri.)
Ah ! je me suis piqué le doigt.

THÉRÈSE

> Brodez toujours.

(Apercevant des fleurs dans la jardinière.)
Ah ! des fleurs... c'est cela !
(Elle prend une rose et revient vers lui.)

> Voyez ! que cette rose

Est fraîche ! De mes mains il faut que je la pose

A votre boutonnière...
>(Elle pose la rose.)

On dirait du carmin.
(Elle va chercher une branche de jasmin et revient vers lui.)
Pour corriger le rouge, une fleur de jasmin.
>(Elle met le jasmin près de la rose.)

Vous êtes ravissant ! c'est à rendre pensive.

ERNEST, à part.

Elle se rit de moi ! Reprenons l'offensive.
>(Haut).

Ah ! mon Dieu !

THÉRÈSE

Qu'avez-vous ?

ERNEST, laissant tomber la broderie.

Je ne sais... je m'y perds...
Je souffre...

THÉRÈSE

Mais enfin qu'avez-vous ?

ERNEST

J'ai mes nerfs !

THÉRÈSE, à part.

Il se moque de moi !

ERNEST

De grâce, ma cousine...
Un médecin... qu'on aille à la ville voisine !

THÉRÈSE

Bah ! cela va passer.

ERNEST

Les dehors sont trompeurs,
Car je souffre à présent bien plus : j'ai mes vapeurs !

THÉRÈSE, lui posant la main sur le front.

Pauvre Ernest! En effet, votre tête est brûlante ;
Fièvre soudaine !

ERNEST

Non, c'est une fièvre lente !

THÉRÈSE

Ma main rafraîchira votre front, et je veux
Qu'elle reste longtemps ainsi dans vos cheveux.

ERNEST, lui écartant la main, d'un air pincé.

Ce n'est pas convenable, et sans être trop prude...

THÉRÈSE, à part.

Tâchons de lui porter un autre coup plus rude :
Pour une débutante, il se défend fort bien.
    (Haut.)
Ernest, devinez-vous à quoi je songe ?

ERNEST

A rien.

THÉRÈSE, à part.

L'impertinent !... Mais non, il reste dans son rôle,
Il raille... il fait la femme.

ERNEST, à part.

En vérité, c'est drôle !
Moi qui tremblais de peur, je la raille à présent ;
Ah ! le métier de femme est bien plus amusant !

THÉRÈSE.

A quoi je songe, Ernest? Au temps de notre enfance,
Souvenirs qui toujours me trouvent sans défense.
Ernest, ce temps passé, vous le rappelez-vous?
Que du ciel sur nos fronts le sourire était doux!
Comme nous nous suivions en courant dans les herbes!
Têtes blondes! gaîtés folles! rires superbes!
Doux romans que le temps emporte dans son vol!
Moi j'étais Virginie; Ernest, vous étiez Paul!

ERNEST, légèrement.

Ah! oui, je me souviens! les romans, les églogues;
Mais depuis, j'ai pris goût à d'autres dialogues!
Je suis peu poétique à vos yeux, je le vois,
Mais qu'y faire?

THÉRÈSE, à part.

Il devient agaçant cette fois.
(Haut.)
Tenez, Ernest, mieux vaut nous arrêter... de grâce!
Ne poussons pas plus loin ce jeu qui m'embarrasse;
Ce petit badinage a trop longtemps duré
Et ne serait pas trop du goût de mon curé!
Savez-vous en effet que c'est chose hardie
A moi de me prêter à cette comédie?
Qu'on ne doit pas ainsi jouer avec l'amour
Et que je pourrais bien m'en repentir un jour?

ERNEST

Thérèse...

THÉRÈSE

Savez-vous qu'il n'est pas impossible
Qu'à mon insu mon cœur cesse d'être insensible,

Que je change pour vous, sans m'en apercevoir,
Le rire du matin en sourire le soir ?
Et déjà, si l'on peut vous l'avouer, je tremble
De l'étrange duo que nous chantons ensemble !
Si moi-même en riant j'allais me désarmer ?
J'y songe avec terreur : si j'allais vous aimer ?
         (A part.)
Cette fois nous verrons !

             ERNEST

              Est-il vrai ? Quoi ! vous-même,
Quoi ! vous pourriez m'aimer ? Oui, puisque je vous aime !
Aimons-nous donc, Thérèse ! Heureux les cœurs aimés !
Pour eux pas de chemins qui ne soient parfumés !
Aimons-nous à jamais, et que Dieu nous envoie
Pour chaque heure nouvelle une nouvelle joie !
L'Amour, arbre vivace, a plus d'un rejeton :
N'épargnons pas ses fleurs !

             THÉRÈSE, éclatant de rire.

              Mon cousin, un jeton !

         ERNEST, piqué.

Un jeton... Il est vrai ! Mais, en toute franchise,
Vous l'avez mal gagné, s'il faut que je le dise.
         (A part.)
Vengeons-nous donc un peu.

             THÉRÈSE

              Comment, monsieur, comment ?
Je ne viens pas de vous tromper ?

             ERNEST

              Aucunement.

THÉRÈSE

Quoi ! vous n'avez pas cru tout à l'heure, à m'entendre,
Que j'éprouvais pour vous un sentiment plus tendre ?

ERNEST

Je n'ai pas cru cela.

THÉRÈSE

Mais en me répondant,
Monsieur, vous aviez l'air d'y croire cependant ?

ERNEST

Sans doute. — Il fallait bien vous donner la réplique.

THÉRÈSE

Expliquez-vous, monsieur ! je veux que l'on s'explique !
Vous ne pensiez donc rien de ce que vous disiez ?

ERNEST

Je parlais comme vous... pour rire.

THÉRÈSE, furieuse.

Et vous osiez !
Moi, j'étais dans mon droit. Et maintenant j'y songe,
Ce matin, votre amour n'était donc qu'un mensonge,
Puisque vous l'exprimiez de la même façon ?

ERNEST

Pouvez-vous croire ?

THÉRÈSE

C'est une bonne leçon !
C'est ainsi qu'on nous trompe : oh ! les femmes sont folles !
C'était exactement même air, mêmes paroles,

Mêmes regards levés tendrement vers le ciel;
Non, ce n'était pas mieux quand c'était naturel!
Tenez, je croyais presque à vos serments naguère,
Mais quand on feint si bien l'amour, on n'aime guère!
Vous voilà démasqué. Plus tard nous réglerons.
Ah! vous ne m'aimez pas? C'est ce que nous verrons!
Vous ne répondez point? Vous ne pouvez répondre?
Taisez-vous! cette audace a de quoi me confondre;
Je vous en dirais trop, je n'y saurais tenir,
Et je vous quitte moi pour ne plus revenir!
(Elle sort violemment.)

SCÈNE CINQUIÈME

ERNEST, seul.

Elle est vraiment fâchée, et même je soupçonne
Qu'une larme furtive...
(On entend le bruit d'une cloche au dehors.)

SCÈNE SIXIÈME

ERNEST, THÉRÈSE.

THÉRÈSE, riant.

Ernest, le dîner sonne!
De nos conventions il doit vous souvenir,
Et quant à moi, j'y gagne assez pour y tenir :
A l'heure du dîner, d'après votre promesse
— Et la cloche a sonné, monsieur! — notre jeu cesse,

Et jusqu'à mon départ, à dater de ce jour,
Vous ne me direz pas le moindre mot d'amour.

ERNEST

Oui ! mais chaque jeton dont vous me laissez maître
Représente un baiser.

THÉRÈSE, froidement.

Il faut bien me soumettre.

ERNEST

Non, Thérèse ! Sans doute il est doux de poser
Ses lèvres sur un front qui se livre au baiser ;
Il est doux le baiser qu'un doux regard invoque ;
Mais lorsque la froideur parle sans équivoque,
Tout le charme est détruit, et, vous le savez bien,
L'émotion, c'est tout ; le baiser, ce n'est rien !

THÉRÈSE

Pardon, monsieur, pardon ! Je conviens qu'il est triste
De m'embrasser, mais j'ai mes raisons, et j'insiste :
A ce prix je serai délivrée à jamais
De votre amour, de vos soupirs, j'aurai la paix ;
Pour perdre cette chance il faudrait être folle,
Vous allez, s'il vous plaît, tenir votre parole,
Car les traités sont faits même pour le vainqueur,
Et vous m'embrasserez si vous avez du cœur !

ERNEST

Eh bien, j'obéirai, puisque l'honneur m'oblige...
(Il s'avance pour l'embrasser.)
Vous rougissez...

THÉRÈSE

Non pas.

ERNEST

Vous rougissez, vous dis-je.

THÉRÈSE

Mais non, mais non, monsieur! on est prête, on attend!

ERNEST

Eh bien...
(Il l'embrasse.)
C'est très-cruel... Je m'y ferai pourtant!
L'habitude fait tout. J'ai huit jetons encore,
Huit baisers; c'est mon droit.

THÉRÈSE

Oh! non, je vous implore!

ERNEST

Huit baisers, s'il vous plaît!

THÉRÈSE

Tout à l'heure pourtant,
Vous y teniez si peu!

ERNEST

Vous, vous y teniez tant!

THÉRÈSE

C'est que, depuis... Ernest, renoncez-y, de grâce!

ERNEST

Vous m'aimez donc?

THÉRÈSE

Oh! non, mais ce qui m'embarrasse,
Ce sont ces huit... jetons!

ERNEST

C'est fort simple en ce cas :
On se marie, afin qu'on ne s'embrasse pas !

THÉRÈSE

Le singulier moyen !

ERNEST

Je n'en connais point d'autre,
Et c'est bien le meilleur !

THÉRÈSE

Voyez le bon apôtre !

ERNEST

Décidez-vous, Thérèse.

THÉRÈSE

Oh ! nous verrons... demain
Ou plus tard... C'est à vous de demander ma main.

ERNEST

Mais du tout ! Nous jouons, selon notre parole,
Le Monde renversé; l'œuvre est un peu frivole ;
Cependant moi, je tiens le rôle dangereux
De l'ingénue, et vous celui de l'amoureux ;
Je dois agir en femme honnête, quoique tendre ;
C'est à vous de parler, et c'est à moi d'attendre !

THÉRÈSE, solennellement.

Monsieur, vous connaissant plus d'une qualité,
Vous sachant jeune, bon, plein d'amabilité,
Vif comme un épagneul, et doux comme un king-charle,
Une amie à moi veut qu'en son nom je vous parle ;

Elle désire unir au vôtre son destin,
Trouvant que l'existence est un triste festin,
Et qu'il faut, si l'on veut le rendre confortable,
Partager tous les mets et s'asseoir deux à table.
Vous céderez sans doute à ces motifs puissants,
Rougissez pour la forme, et dites...

   ERNEST, baissant les yeux.
       Je consens.

    THÉRÈSE

Allons! Marions-nous, puisque l'on se marie,
Puisqu'il faut que l'amour passe par la mairie,
Et refermons sur nous, prisonniers mais contents,
La porte du bonheur qui s'ouvre à deux battants !
Je resterai docile, aimable, complaisante,
Pour rendre à mon mari sa chaîne moins pesante ;
Que lui reste amoureux comme par le passé...
Et ce sera toujours *le Monde renversé !*

   La toile tombe.

LA SOUPIÈRE

Comédie en un Acte

Par M. ERNEST D'HERVILLY

Représentée pour la première fois sur le théâtre de Chartres,
le 11 novembre 1874.

PERSONNAGES

MADAME SPOON   Mlle Céline MONTALAND.
DE HONDURAS   M. COQUELIN CADET.
UN DOMESTIQUE

Un salon. — Paris.

LA SOUPIÈRE

SCÈNE PREMIÈRE

MADAME SPOON

Elle entre vivement, charmante, à la tête des flots tumultueux de sa robe de bal.

(*A la cantonade*). Pulchérie ! C'est entendu, mon enfant, n'est-ce pas ? à dix heures la voiture... (*Après un regard jeté à la pendule.*) Neuf heures et demie ! Très-bien ; j'ai le temps de me passer en revue, comme disait ce pauvre colonel Spoon... (*Elle se place devant la glace.*)... Fixe ! Pas mal... Et la modestie en personne ! Ah ! c'est que j'ai dû suivre de point en point le programme imposé par ma chère Jemmina. Priée d'apparaître ce soir à son bal de noces, mais dans une tenue dont les splendeurs n'aveuglassent point ses bourgeoises de petites amies, j'ai été forcée de prendre des ris dans ma voilure... toujours comme aurait dit le colonel Spoon. — C'est égal, je fais une veuve encore passable ; et même, en me voyant dans cette... toilette simple, mais de bon goût... je suis sûre que mon pauvre ami m'aurait dit aujourd'hui : Soldat, je suis content de vous ! — Pauvre colonel Spoon ! Ah ! le destin cruel que celui qui vous enlève un mari à la fleur... de votre âge ! Peu de mois après notre mariage, le colonel prit froid en revenant de son cercle. Ce ne fut rien d'abord, mais la science s'en mêla. Il fut bientôt condamné par la Faculté. Enfin, un matin, il prit une potion, et quelques instants après... la médecine des hommes était satisfaite!... (*Elle reste pensive un moment, puis, écartant les rideaux d'une fenêtre, elle plonge ses yeux dans l'obscurité extérieure.*) Il pleut toujours, quel horrible hiver! Ténèbres partout! Pas une étoile! Selon les propres expressions de Pulchérie, ma femme de chambre, on dirait vraiment que les anges nécessiteux ont mis les astres au Mont-de-Piété ce mois-ci. (*Elle se met à rire.*) Je pense à cet imbécile... à ce joli monsieur, à ce bon fou, avec ses yeux de pélican dévoué... que je rencontre sans cesse sur mon chemin depuis huit jours... S'il pouvait recevoir sur ses nobles épaules tout ou seulement partie de l'averse qui tombe cette nuit, je serais ravie, ma parole! Cela mettrait un peu d'eau dans son vin, je suppose. (*On frappe à la porte de gauche*). Eh bien! qu'est-ce? (*Paraît un domestique un plateau à la main.*) J'avais dit : à dix heures la voiture.

LE DOMESTIQUE

Je prie madame de me pardonner, c'est un monsieur qui voudrait parler à madame pour affaire des plus urgentes.

MADAME SPOON

Mais, j'ai fait défendre ma porte!

LE DOMESTIQUE

C'est ce que j'ai dit à ce monsieur. Il m'a supplié de faire passer sa carte à madame.

(Le domestique remet la carte).

MADAME SPOON. (Elle lit la carte.)

« Wilfrid de Honduras. » Honduras? je ne connais pas Honduras, voyons donc?... Si, au fait, je crois avoir lu ce nom-là souvent dans mon journal! Honduras! J'y suis! C'est cet amateur étranger... cet Américain de l'Amérique du Sud... qui... c'est cela!... un collectionneur célèbre... Que peut-il me vouloir? Si je le renvoyais à ses bibelots? « Affaire des plus urgentes. » C'est écrit... Allons, La Pivoine, faites entrer ce monsieur. (A part.) Ève a bien admis que le serpent se présentât devant elle... par curiosité. (Sortie du domestique. Elle s'assied et réfléchit.) De Honduras? Bon! je n'ai même point demandé quelle tournure il a, cet habitant du nouveau monde! Quelle singulière visite!... Que puis-je avoir de commun avec un ex-peau rouge qui achète des plats de Moustiers... à l'hôtel des ventes?

SCÈNE DEUXIÈME

DE HONDURAS, MADAME SPOON.

DE HONDURAS. (Toilette de bal.)

Madame...

MADAME SPOON. (Elle jette un léger cri de surprise.)

Ah! (A part.) L'homme aux yeux de pélican dévoué? C'est trop fort! (Haut, avec indignation et montrant la porte.) Monsieur, veuillez, je vous prie...

DE HONDURAS, à part.

Je suis reconnu, c'est évident. (*Haut.*) Madame, par pitié...

MADAME SPOON

Sortez, monsieur!... ou vous allez contraindre une femme faible et isolée à user des moyens violents qu'un coup de sonnette peut mettre à sa disposition...

DE HONDURAS

Madame! de grâce!... Écoutez-moi! un mot, un seul! au nom de ce que vous avez de plus cher!... au nom de votre collection!... un mot!

MADAME SPOON, à part.

(Pendant cet aparté, de Honduras, entraîné par une irrésistible curiosité, examine à la dérobée les objets rares que l'appartement contient.)

Cet homme est fou!... Il n'a rien de hideux d'ailleurs... Il est honorablement vêtu... D'autre part la voiture n'est pas encore là... La Pivoine veille, en outre... Qu'il parle donc! (*Haut.*) Allons, monsieur, puisque vous avez su vous introduire nuitamment, mais sans effraction, je le reconnais, dans un domicile privé, parlez... je vous écoute.

DE HONDURAS

Eh bien, madame! eh bien, ce n'est pas un tableau complet de l'horrible situation dans laquelle je me trouve, que je vais avoir l'honneur de peindre à vos yeux, c'est une simple esquisse... un léger croquis!...

MADAME SPOON, montrant un siége.

Usez de votre victoire, monsieur; installez-vous.

DE HONDURAS s'incline et s'assied.

Donc, madame, je suis cet infortuné, cet inconnu, ce chrétien errant, que depuis huit jours vous trouvez sans cesse sur vos pas, désagréable hélas! comme une pelure d'orange... j'en suis sûr.

MADAME SPOON, sèchement.

Au fait, monsieur, au fait.

DE HONDURAS

Malgré le dédain... foncé que vous témoignez au plus respectueux des interlocuteurs, je vous dirai, madame, que le motif qui m'amène ici, à cette heure, est profondément convenable. Oui, madame, le ciel, que nous aurons au mois de juin, ne sera pas plus pur que le fond de mon cœur. Wilfrid de Honduras, tel est mon nom.

MADAME SPOON

Je sais. Si j'en crois nos meilleurs reporters, vous êtes un collectionneur enragé.

DE HONDURAS, l'interrompant.

Ah! madame, je n'ai jamais mordu personne.

MADAME SPOON, railleuse.

Je me rappelle parfaitement. C'est vous qui payez 13000 francs un pot à moutarde... en vieux marseille?

DE HONDURAS

A moutarde est peut-être excessif, madame; mais je l'ai en effet payé 13000 francs ce pot, quelle que soit la profession qu'on l'ait forcé d'embrasser jadis.

MADAME SPOON

J'ai l'honneur de vous le répéter, monsieur, au fait!

DE HONDURAS

Alors, madame, je vais déchirer le voile plus amplement?

MADAME SPOON

Déchirez, monsieur, mais déchirez vite.

DE HONDURAS. Il se lève.

Voici, madame. La scène se passe à Paris. C'était par une belle après-midi du mois dernier; il ne pleuvait qu'à torrents... Je me trouvais rue Drouot, au premier étage de ce monument couvert d'affiches que vous savez. On vendait la collection d'un amateur : M. de la Hublotière. Je mis enchère sur une superbe soupière!... du Rouen polychrome, à la Corne, irréprochable! presque deux fois centenaire! car elle datait, madame, de l'époque où Louis le Grand, après avoir envoyé sa vaisselle plate à la Monnaie, « *délibéra de se mettre en faïence* », comme dit Saint-Simon! Ah! quelle soupière, madame! Ce n'était que festons, ce n'était qu'astragales! Pardon, c'est-à-dire que les lambrequins et les rinceaux, dont elle était décorée, auraient réjoui le cœur de Bernard de Palissy lui-même; enfin, elle était en outre ornée de magnifiques armoiries, chose rare!

MADAME SPOON, à part.

Il est absolument fou. (*Haut.*) Cessons cette plaisanterie, monsieur.

DE HONDURAS

Mais je suis sérieux comme Pluton en personne, madame! J'abrége. Cette soupière me fut donc adjugée pour 43000 francs, et des centimes que je vous passe.

MADAME SPOON, riant.

Je vous suis obligée.

DE HONDURAS, avec douleur.

Eh bien, madame, cette soupière ! ce rêve de ma jeunesse ! cette consolation de mon âge mur ! cette soupière, elle était veuve de son couvercle !

MADAME SPOON, froidement.

Navrante histoire en vérité, mais je n'y peux rien ; et comme je pense, monsieur, que tout ceci est le résultat d'une gageure, j'accorde que vous l'avez gagnée. (*Elle lui montre la porte de nouveau.*)

DE HONDURAS

Cruelle créature ! vous me chassez ?

MADAME SPOON, en colère.

Mais enfin, monsieur, je ne l'ai pas, moi, votre couvercle !

DE HONDURAS

Erreur violente, madame, erreur !

MADAME SPOON

Comment cela ?...

DE HONDURAS, rapidement.

Pas un mot, je sais tout : ce couvercle, il est ici ! Ce couvercle, vous l'avez acheté il y a un mois chez Crédence, notre ami, notre marchand commun du quai de Voltaire, pour en faire une « suspension » dans votre serre; n'est-il pas vrai ? Ce couvercle, d'après la description qui m'en a été donnée, ce couvercle, madame, c'est le mien! Crédence ignorait totalement votre nom et votre adresse; mais un jour que vous passâtes sur le quai, comme j'étais dans sa boutique, Crédence me dit : Voilà la dame au couvercle! Alors, prompt comme le chamois, je me suis élancé sur vos traces, à travers ponts et boulevards. Mais hélas! pendant huit jours, telle la chimère devant le poëte, vous vous évanouissiez dans toute sorte de magasins de blanc, chaque fois que j'espérais vous atteindre et vous supplier de me céder votre couvercle, à n'importe quel prix!... Enfin j'ai découvert ce soir votre demeure, et me voici, pressant et pâle comme le spectre du commandeur.

MADAME SPOON

Mais c'est de la démence bien caractérisée!

DE HONDURAS, avec violence.

Ah! c'est que vous ne collectionnez pas, madame! vous ne savez pas ce que c'est que cette passion dévorante! Quand nous cherchons l'objet qui nous manque, il y a en nous du sang de l'Indien qui suit l'ennemi sur la piste de guerre, afin de le scalper et de suspendre avec orgueil sa chevelure à la porte de son wigwam! et moi je m'étais juré d'obtenir votre couvercle! Une soupière sans son couvercle, madame, mais c'est le palmier solitaire qu soupire quand passe la bise; c'est Paul à deux mille lieues de Virginie; c'est un frère siamois opéré de son trop proche parent; c'est un Lapon privé de son renne! Au nom du ciel, madame, ce couvercle, vendez-le-moi!

MADAME SPOON, effrayée, à part.

J'ai très-peur! (*Haut.*) Monsieur, un moment! (*Elle*

sonne. Paraît le domestique.) Apportez ici le couvercle à fleurs qui est dans la serre.

(Sortie du domestique.)

DE HONDURAS

Quoi! madame, il se pourrait!... (*Avec ravissement.*) Vous consentiriez...?

MADAME SPOON

A vous céder ce couvercle?... certainement.

DE HONDURAS

Certainement, dites-vous. Ah! que cet adverbe me semble délicieux! Je ne sais comment vous peindre le plaisir...

MADAME SPOON

Ne cherchez pas, monsieur, je vous prie.

DE HONDURAS

Je vous obéis, madame... Mais au moins laissez-moi vous demander à quel prix vous vous défaites de cette pièce rare?...

MADAME SPOON

Oh! je n'y mets pas de prix. Je vous la donne.

DE HONDURAS

Vous me la... du Rouen! à la Corne!... du...! (*Avec un soupçon subit.*) Mais l'émail est donc bouillonné? quelque défaut secret...!

MADAME SPOON

Non. La pièce est intacte... (*On entend un bruit de vaisselle qui tombe à terre et qui se casse.*) Du moins, elle était intacte... tout à l'heure ; mais à présent, hélas... je crains bien...

DE HONDURAS

Ciel ! qu'entendons-nous ? Ah ! quel coup affreux je reçois !... Mon !... votre !... notre couvercle enfin... Ah ! je me sens très-mal, madame !... Je... je... du Rouen à la Corne !... Je... brisé en mille morceaux... ah !... ah !... (*Il s'affaisse sous le poids de son émotion.*)

MADAME SPOON, stupéfaite.

Ah ! mon Dieu ! Il ne manquait plus que cela... Monsieur ! monsieur !... Mais c'est qu'il le fait comme il le dit... Il se trouve mal... Ah ! quelle horrible aventure ! Monsieur ! je vous en supplie, revenez à vous !... Mais c'est affreux !... Et s'il allait mourir ici !... Monsieur ! Un cadavre chez moi, à cette heure... (*perdant la tête*) et quand on est déjà si petitement logé !... Monsieur !... Mais c'est horriblement anormal ce que vous faites là ! monsieur ! Voyons, si je lui frappais dans les mains ?... (*Elle lui administre ce remède légendaire.*) Monsieur ! cher monsieur de Honduras ! reprenez vos sens... Au nom du ciel !... Et ce bal ! oh ! ce bal !... Que faire ?... Je ne puis pourtant pas le délacer !... Ah ! que le colonel me serait utile en ce moment critique ! (*Honduras fait un mouvement.*) Là !... Oh ! le voilà qui revient à la vie... Sauvé !

DE HONDURAS, ouvrant les yeux.

Où suis-je ? ah ! madame, c'est vous ! que s'est-il passé ?... Ah ! j'y suis, ce couvercle !! (*Une nouvelle faiblesse lui prend.*)

MADAME SPOON, épouvantée.

Est-ce qu'il va s'évanouir encore ?... Monsieur !

DE HONDURAS

C'est fini. Je me sens mieux. Je vous remercie...

MADAME SPOON

Vous sentez-vous réellement mieux? Voulez-vous un verre d'eau?

DE HONDURAS

Extrêmement sucrée, oui madame. (*Il examine avec dédain le verre que lui apporte Mme Spoon et murmure :* « Faux Venise ! » *puis il boit.*) Allons, je me sens tout à fait... réparé... Restauration complète!... Que d'excuses à vous demander, madame! Mais, voyez-vous, mon système nerveux est devenu d'une susceptibilité effroyable, depuis... (*Il a repris son chapeau et fait mine de se retirer.*)

MADAME SPOON, avec curiosité.

Depuis?

DE HONDURAS

Depuis la rupture d'un mariage qui devait me combler de toutes les félicités.

MADAME SPOON

Je regrette d'avoir été innocemment la cause...

DE HONDURAS, il s'installe de nouveau.

Que de bonté... Ah! madame, tenez, laissez-moi vous dire... cela me fera du bien, laissez-moi vous donner quelques détails sur ma biographie intime.

MADAME SPOON, à part.

Ah! mais ce monsieur abuse de son état maladif... Il

faut... Ce bal! ce bal!... (*Haut.*) Monsieur, je suis au désespoir... je suis attendue.

DE HONDURAS

Deux mots et je termine. Voici cette simple histoire. C'était, il y a quelques années... mes parents m'avaient fait entrevoir le bonheur...

MADAME SPOON

Désolée, monsieur, absolument désolée... mais je ne puis différer plus longtemps... Un bal de noces...

DE HONDURAS

C'est justement d'une noce qu'il s'agit, madame; de la mienne, entre parenthèses, qui n'a pas eu lieu parce que la jeune fille qui mûrissait pour moi sur l'espalier de sa famille...

MADAME SPOON

En vérité, monsieur!

DE HONDURAS

Bref, Mlle de Morville, bien qu'elle ne me connût pas...

MADAME SPOON, à part.

Que dit-il? Mlle de Morville?... (*Haut.*) Ne parlez-vous pas de Mlle de Morville?...

DE HONDURAS

Oui, madame. Je devais épouser Mlle de Morville. Nos témoins, mes parents, veux-je dire, avaient arrangé l'affaire. Mais avant que j'eusse apporté aux pieds de ma fiancée, qui était l'ornement de l'un de nos départements du Centre, l'expression de ma tendresse, hélas! la chère et variable enfant accordait sa blanche et précieuse main à un riche étranger...

MADAME SPOON

A un étranger?... (*A part.*) Voilà qui est étrange! (*Haut.*) Pauvre monsieur de Honduras!

DE HONDURAS

Dites : pauvre monsieur de Préampaille ! car Honduras n'est point mon nom. C'est un simple pseudonyme. Je l'ai pris afin de garder le plus strict incognito dans mes relations avec les commissionnaires de l'hôtel des Ventes. Je suis le malheureux Hector de Préampaille, oui, madame.

MADAME SPOON, à part.

Comment, c'est là ce jeune homme?... Voilà donc le rival inconnu du colonel... celui que j'ai refusé d'épouser... Il n'est pas mal !

DE HONDURAS, poursuivant.

Oh! je n'en veux point à Mlle de Morville! Elle ne me connaissait point. Je ne l'avais jamais vue. Notre rupture n'eut donc rien de déchirant, pour elle du moins. Car pour moi, j'avais bâti sur cette union... tout un château de cartes en Espagne... Oh! j'ai été bien déçu.

MADAME SPOON, à part.

Pauvre garçon! (*Haut.*) Alors, vous la haïssez, cette perfide?

DE HONDURAS

Non, je n'ai gardé aucun sentiment amer à l'égard de Mlle de Morville. Mais, madame, ce refus sans motif m'a donné là un grand coup, un coup en pleine âme! C'est pourquoi, madame, je me suis précipité dans la céramique à la fleur de l'âge.

MADAME SPOON, à part.

Je crois que le colonel lui-même... à la place de ce jeune homme, ne m'aurait pas regrettée davantage... (*Haut.*) Dans la céramique, dites-vous?

DE HONDURAS

Oui, madame, dans la céramique, et jusqu'au cou. Au moins, en agissant ainsi, car j'ai voulu conserver toujours un profond respect pour le sexe dont Mlle de Morville était, avant que j'eusse l'honneur de vous connaître, le spécimen le plus délicat, au moins, dis-je, en agissant de la sorte, je n'ai jamais eu à dire de la femme ce que Hamlet en pense. Non! et dans mes jours de douleur je m'écriais seulement : « Ton nom, fragilité, c'est... faïence! »

MADAME SPOON

Et vous êtes resté... garçon?

DE HONDURAS

Comme le berger Pâris, madame.

MADAME SPOON

Heuh... et alors, malgré votre douleur, vous distribuez çà et là... quelques pommes?...

DE HONDURAS

Oh! madame, rarement!... Paris, sous tous les rapports, est si loin du mont Ida!

MADAME SPOON

Je vous demande pardon. Je suis d'une indiscrétion... Et vous n'avéz jamais revu cette Mlle de Morville?

DE HONDURAS.

Jamais! Le riche étranger qu'elle m'a préféré, est, m'a-t-on dit, colonel... dans la milice américaine... C'est un gentleman appelé, je crois... *Fourchette*, en anglais, madame.

MADAME SPOON, vivement, en riant.

Vous vous trompez, monsieur, c'est *Spoon* qu'il se nommait.

DE HONDURAS, négligemment.

Regrets, madame, et pardon! Alors, c'est *Cuiller* que j'aurais dû dire, s'il se nommait Spoon, le bon Yankee!

MADAME SPOON, avec violence.

Monsieur! respectez la mémoire de mon mari!

DE HONDURAS, éclairé soudain.

La mémoire de votre mari! Cuiller était votre époux!... et vous êtes actuellemement veuve!... et... et... ah!... mais alors, c'est à Mlle de Morville... épreuve après la lettre... que j'ai la joie délirante de parler en ce moment.

MADAME SPOON

Je me suis trahie... Oui, c'est à la veuve du colonel Spoon que vous êtes venu demander un couvercle.

DE HONDURAS, avec ivresse.

Oh! merveilles de la céramique! je m'explique tout maintenant!

MADAME SPOON

Tout? Que voulez-vous dire, monsieur Hector?

DE HONDURAS

Vous m'appelez Hector!... ah! madame... ce petit nom dans votre petite bouche efface bien des années de peine! Oui, madame, tout m'est expliqué maintenant. Tandis que je poursuivais ardemment cette Toison d'or en faïence qui gît, ci-contre, brisée en mille éclats; tandis que nuit et jour, à la ville comme au théâtre, je vous suivais obstinément, ah! madame, des sentiments de la plus extrême douceur se glissaient peu à peu dans mon âme! Après trois jours de recherches vaines, ce n'était plus une soupière que j'avais dans le cœur, c'était votre image adorée.

MADAME SPOON

Monsieur Hector!

DE HONDURAS

Au collectionneur enragé, madame, succédait l'amoureux, haletant, désespéré; car votre dédain pour moi, je le lisais dans vos yeux chaque fois qu'ils rencontraient les miens... Ah! madame, que je suis heureux de retrouver Madame veuve Spoon dans la séduisante inconnue vers laquelle j'étais entraîné irrésistiblement.

MADAME SPOON

Monsieur Hector!

DE HONDURAS

Oui, je me reprochais cette infidélité à la mémoire de Mlle de Morville!... et si le collectionneur n'avait dit souvent à l'amoureux : « Courage ! », je crois bien que jamais ni l'un ni l'autre n'auraient eu le bonheur, qu'ils ont maintenant, de se précipiter à vos genoux, en vous suppliant de leur accorder...

MADAME SPOON

Mon ami...

DE HONDURAS, éperdu.

Pardonnez-moi ma hardiesse! Et, à la faveur de cette étrange aventure, ah! madame, daignez... compléter ma collection!... Oh! pardon! ma tête se perd... daignez récompenser ma longue constance. Oui, un mot de vous effacera le souvenir de ce que j'ai souffert! Je vous le demande avec des larmes de joie, madame, faites-moi la grâce de m'accorder votre couvercle... Je deviens fou, pardon!... Accordez-moi votre main charmante.

MADAME SPOON

Mon ami! Après ce que mon domestique a fait tout à l'heure... après ce bris d'une pièce rare... que répondre au collectionneur?

DE HONDURAS

Au diable la collection! Que m'importe à présent la faïence! Je vous aime!

MADAME SPOON

Oh! ce cri de l'âme, en vérité, mériterait une récompense honnête... Mais, mon pauvre ami, que suis-je? une triste veuve. C'est un cœur brisé que je vous apporterai...

DE HONDURAS, absolument fou.

J'y mettrai des attaches!

MADAME SPOON

A mon cœur!

DE HONDURAS

Non, cruelle, à ce couvercle! Je ne sais plus ce que je dis...

MADAME SPOON

En effet, car votre beau rêve, le voilà mis en pièces. Ne vous en souvenez-vous plus? De quel prix peut-il être pour vous?

DE HONDURAS, transporté.

Je le consolerai!

MADAME SPOON

Mon couvercle?

DE HONDURAS

Non, madame, votre cœur! Les morceaux en sont bons.

MADAME SPOON, riant.

De mon cœur!

DE HONDURAS

Ah! de grâce, cessons ce détestable quiproquo. Le jour s'est fait. Le couvercle tombe, l'amant reste et le collectionneur s'évanouit! Je vous adore!

MADAME SPOON, malicieusement.

Même sans couvercle?

DE HONDURAS, il se relève.

De toute ma soupière!

(On gratte à la porte.)

MADAME SPOON

Eh bien ? Qu'est-ce encore ?

(Paraît le domestique.)

LE DOMESTIQUE

Le couvercle que madame a acheté l'autre jour a été porté chez monsieur le monteur en bronze de madame.

MADAME SPOON

Quel était donc tout ce bruit, tout à l'heure ?

LE DOMESTIQUE

Une jardinière renversée par monsieur le chien de madame. J'ai l'honneur de prévenir madame que la voiture de madame est en bas. (*Il se retire.*)

MADAME SPOON

Eh bien, monsieur Hector ! Que dites-vous de ceci ? Votre couvercle n'est pas cassé !

DE HONDURAS

Je le regrette !... Car vous allez maintenant nous renvoyer, lui et moi, l'un portant l'autre... et j'en mourrai certainement.

MADAME SPOON

Certainement ! Vous me rendez mon adverbe ! Non, Hector, je ne vous chasse pas. Seulement je suis forcée de vous renvoyer. A demain les affaires sérieuses ! Ce soir, je vais au bal de noces de mon amie Jemmina Doughty.., une compatriote de feu... le colonel.

DE HONDURAS

Miss Jemmina, qui épouse sir Robert Gravesand ?

MADAME SPOON

Oui.

DE HONDURAS

Cela étant, j'implore une place dans votre voiture. (*Il tire une lettre de mariage de sa poche.*) La lettre que voici, (*Il montre son habit noir*) la tenue que voilà, vous indiquent que, moi aussi, je vais au bal, cette nuit, et ce bal, c'est celui de mon ami, sir Robert Gravesand.

MADAME SPOON

Quelle aimable coïncidence! Vous le connaissez donc beaucoup?

DE HONDURAS

Beaucoup! Nous avons été malades ensemble, sur le même paquebot, de Calais à Douvres; ces choses-là, cela lie pour la vie, et puis c'est un collectionneur... Oh! sa femme sera bien heureuse!

MADAME SPOON

Nous verrons cela! En attendant, je vous accorde la place pour laquelle vous vous êtes porté candidat tout à l'heure... Venez, monsieur Hector... Quant à ce couvercle... quels ordres dois-je donner?

DE HONDURAS

Dites qu'on le place sur le dressoir de votre salle à manger, et peut-être un jour... ma soupière viendra-t-elle l'y rejoindre, si vous y consentez?...

MADAME SPOON

C'est à vous de me donner le goût de la céramique, Hector!

AUTOUR D'UN BERCEAU

Pièce en une Scène

Par M. ERNEST LEGOUVÉ

Voici une bien petite pièce, elle n'a qu'une scène et qu'un rôle; mais voilà un bien long rôle, il remplit toute une pièce. Composé pour Mlle Delaporte, et joué par elle en Russie avec un grand succès, à la cour et dans le monde, mon unique personnage, mon héroïne, a vingt ans, un mari et un enfant; pourtant c'est ce qu'on appelle au théâtre un rôle d'ingénue, c'est-à-dire qu'elle a gardé, dans les nouveaux sentiments où le mariage et la maternité l'engagent, ce caractère de naïveté, qui d'ordinaire n'appartient qu'aux jeunes filles. C'est une mère ingénue, c'est une épouse ingénue, c'est une femme jalouse ingénue. Ingénuité et jalousie, voilà deux mots qui ne vont guère bien ensemble ; mais c'est précisément dans l'assemblage de ces deux contraires que réside la petite nouveauté de ce personnage, si nouveauté il y a. J'engage donc mes interprètes ou mes lectrices à bien se rappeler, si elles le peuvent, les intonations si fines, si cristallines, si délicieusement naïves qui éclosaient comme une musique naturelle sur les lèvres de Mlle Delaporte dans les Vieux Garçons et dans Montjoie. A défaut de ce souvenir, voici mon conseil : Ce rôle a vingt ans, jouez-le ou lisez-le comme s'il en avait seize.

AUTOUR D'UN BERCEAU

Un petit salon. Une petite table de travail; un portrait sur la table. Une veste du matin sur une chaise. Porte au fond, fenêtre donnant sur un jardin, porte donnant dans une chambre.

MARIE.

(Au lever du rideau, elle est debout sur le seuil de la porte de gauche et parle à la cantonade. La cantonade est un petit enfant couché dans un berceau, dans la chambre voisine.)

Voyons! soyez sage, monsieur! Dormez... (*Elle descend en scène.*) Il n'a pas encore deux ans, il est déjà despote... Tant mieux! cela prouve qu'il aura du caractère. J'aime beaucoup que les hommes aient du caractère. (*Tout en arrangeant son ouvrage sur la table.*) C'est étonnant tout ce qu'on voit déjà sur sa figure! D'abord, je suis sûre qu'il sera très-honnête. Un regard si limpide!... Et très-fin avec cela... diplomate!... Ah! s'il entre jamais dans les ambassades, il fera joliment son chemin! Voyons s'il est endormi. (*Elle va à la porte et regarde l'enfant dans son berceau.*) Ah! bien oui! ses grands yeux ouverts comme des portes cochères. (*A part.*) C'est très-gentil à lui de n'avoir pas crié! (*Elle regarde de nouveau.*) Oh! le scélérat!... oui! oui!... je comprends! il veut que je le prenne, que j'apporte son berceau ici. (*Lui parlant.*) Non! monsieur! non! Vous resterez dans votre chambre! (*Se détournant un peu.*) Regardez-moi ces regards suppliants! A-t-il l'air assez câlin! Je ne sais pas comment feront les femmes pour lui résister. (*Lui parlant.*) Me promettez-vous, si je vous prends, de dormir tout de suite... tout de suite? Oui. Oh! je sais, les promesses, cela ne vous coûte rien. Hé bien, voyons, je vais essayer. Mais je fermerai vos rideaux. C'est convenu? Je viens.

(*Elle entre dans la chambre à gauche et revient traînant un petit berceau dont les rideaux sont fermés.*) Est-il lourd!... Oh! il sera très-fort! ouf!... (*Elle entr'ouvre le rideau seulement assez pour y passer la tête.*) Vous entendez bien! Pas un mot et dormir tout de suite! Qu'est-ce que vous voulez? Que je vous embrasse? Oh! cela, je veux bien. (*Elle l'embrasse, referme les rideaux et vient se remettre à la table de travail.*) Je vais travailler pour lui. Je vais lui faire un petit bonnet. (*Elle se met à travailler.*) Quand je pensais autrefois au petit garçon que j'aurais, car j'étais sûre d'avoir un petit garçon, je me le figurais toujours à quatre ans. Hé bien, je l'aime mille fois mieux à deux. C'est déjà un petit garçon et c'est encore une petite fille! la preuve, c'est qu'on peut lui faire des bonnets. Celui-ci sera très-gentil. Il vient de remuer!... (*Elle se lève et va au berceau.*) Non!... Pour le coup, il dort. Comme c'est joli, un enfant qui dort! Ils ont des poses d'une invention!... (*Le regardant.*) Voyez-moi un peu ce petit pied qui sort de dessous la couverture, et cette tête repliée sous son cou comme un oiseau dans son nid!... et cette petite jambe... si rosée!... si potelée... Quand je dis... cette jambe... Oui! oui! les jambes d'un enfant... cela remonte très-haut... Oh! mais, c'est trop haut! voilà qu'en remuant .. il a .. « *Monsieur!... monsieur!... c'est shoking...* » Hé bien! non, ce n'est pas vrai!... ce n'est pas shoking!... les enfants ne sont jamais shoking!... Ils ont beau être nus... ils ne sont jamais embarrassants... Leur nudité est encore de la pureté, car ils sont tout vêtus d'innocence et de candeur. Ils ne sont pas nus, ils sont sans voiles comme le rayon du soleil qui sort du brouillard, comme la fleur qui sort de son calice. (*Riant.*) Ah! bon Dieu! voilà que je deviens poëte! Ce que c'est que ces petits monstres-là!... Je ne sais comment font les femmes qui n'ont pas d'enfants. On devrait trouver un moyen pour que les pauvres vieilles filles puissent en avoir un petit... honnêtement. (*S'arrêtant.*) J'ai parlé trop haut. Je l'ai réveillé!... (*Elle va au berceau.*) Non! ses yeux sont toujours fermés. Il sourit. Comme il lui ressemble! (*Elle revient à la table et reprend son ouvrage, puis après un court silence.*) Comment ne lui ressemblerait-il pas? Depuis bientôt trois ans que je suis mariée à Paul, je n'ai pas été une heure, une demi-heure, sans penser à lui. Je le vois aussi bien quand il est absent que quand il est là. (*Un court silence.*) Mérite-t-il tant d'amour?... Bon! voilà mon défaut qui me reprend... Paul prétend que je suis un peu jalouse! Jalouse... Oh! non! non!... Être jalouse, c'est avoir un mauvais caractère... c'est tourmenter ceux qu'on aime... J'ai vu un jour un portrait de la Jalousie. Elle était affreuse!... Je ne veux pas être jalouse!... La jalousie!... C'est de l'amour qui ressemble à de la haine, seulement... seulement... j'aime tant Paul que j'ai toujours peur qu'on me le prenne. Ce n'est pas mal, cela!... C'est tout simple! D'abord Paul est si bien qu'il est impossible que toutes les femmes ne le remarquent pas. Puis, je me sens tellement toute à lui que je voudrais qu'il fût tout à moi! Ainsi, par exemple, il entrerait maintenant et il me dirait : « Nous allons partir tout de suite pour deux mille lieues d'ici, nous y resterons toujours, tout seuls, sans nos amis, sans nos parents, tu ne verras que ton fils et moi »? serais-je malheureuse?... C'est bien mal ce que je vais dire là, car enfin je quitterais maman. Hé bien non! j'aurais des remords de ne pas être plus triste... mais au fond je serais follement heureuse, parce que je les aurais tous deux. (*Montrant le berceau.*) Lui!... (*Montrant la fenêtre qui donne sur le jardin.*) Et lui! Il est là en bas! L'odeur de son cigare me le dit. Quand je pense que je trouve que son tabac sent bon!... (*Avec un soupir.*) Est-il ainsi, lui? non!... Et la preuve, c'est que, quand je fais une fausse note au piano, il s'en aperçoit toujours. Mon Dieu! je sais bien que les hommes ne peuvent pas aimer comme nous. Mais c'est qu'il m'a gâtée au début! Quand il m'écrivait... avant notre mariage... « Si vous n'êtes pas à moi, je me tuerai! » Il l'aurait fait alors!... Il me l'écrirait encore, mais il ne le ferait pas. (*Un silence.*) Je pense toujours.... à... à cette jolie veuve, Mme de Verdière... et quand je vois Paul s'approcher d'elle... lui parler... (*Se levant.*) Cette Mme de Verdière!...une femme toute peinte, qui a cinq ans de plus que moi!... On trouve ses yeux beaux... moi! je ne vois pas ce qu'ils ont... Oh! si! si!... Ils sont beaux! plus beaux que les miens! Et puis, elle est grande!... Et Paul a dit l'autre jour qu'il aimait les femmes grandes. Mon Dieu! qu'est-ce que je pourrais donc faire pour grandir... seulement (*Elle indique d'abord le petit bout de son doigt et remonte ensuite jusqu'au bout du doigt*) de ça! Oh! oui! Il faudrait bien le doigt tout entier. Puis Paul est si coquet! On parle toujours de la coquetterie des femmes; celle des hommes est mille fois plus variée. Nous ne sommes, nous, coquettes que de visage; eux, ils le sont d'esprit, de courage, de sensibilité, de dévouement... de tout! Et quand je vois Paul penché sur le fauteuil de Mme de Verdière, et lui parler avec un sourire... (*S'arrêtant*). Non !... je ne veux plus y penser !... D'abord, cela fait trop mal !... Puis, c'est injuste ! J'en suis sûre... Il n'y a rien entre eux !... Travaillons ! travaillons pour lui... Tout à l'heure il a posé là sa veste du matin et m'a priée d'y attacher sa décoration; à l'ouvrage. (*Elle prend la veste et s'apprête à travailler.*) A côté de ce berceau ! En regardant son fils ! Mon cœur est plus tranquille ! Cela calme, l'aiguille ! (*Après un court silence.*) A qui pouvait-il donc écrire hier avec tant d'attention? (*Tout en travaillant.*) Il était sorti après le dîner pour aller à son cercle... A dix heures, il n'était pas encore rentré. Je commençais à m'inquiéter. D'abord je commence toujours par là. Dix heures et demie, onze heures; il ne revient pas. J'étais là, essayant de lire, et ne pouvant pas; tressaillant à chaque bruit de pas; allant sans cesse de ma chaise à la fenêtre... Enfin, à onze heures et demie, j'entends sa voix au bas de l'escalier. Comme il me gronde toujours quand je pleure, et j'avais un peu pleuré, je me jette dans mon lit à moitié déshabillée; et je fais semblant de dormir. Il entre, il se penche sur moi pour s'assurer que je dormais... Le cœur me battait... Oh ! mais je restais immobile, je sentais que si je lui parlais je fondrais en larmes. J'avais fait de tels rêves de jalousie dans la soirée ! Alors, il va s'asseoir à cette petite table ; je ne perdais pas un seul de ses mouvements, quoique j'eusse les yeux à demi fermés ; on voit très-bien à travers les cils ! Il prend une plume, du papier, et commence à écrire... A qui? Ce n'était pas à un homme... Il souriait. On ne sourit pas en écrivant à un homme. Il recommence deux ou trois fois la lettre, regardant toujours de mon côté pour bien s'assurer que je dormais. Puis, il prit la cire rouge, le petit cachet qu'il porte à sa montre... (*Avec un peu d'attendrissement.*) Un cachet que je lui ai donné! et toujours souriant... avec une physionomie... oh! une physionomie qui m'a fait bien du mal... (*Avec douleur.*) Oh! oui! oui! Il a raison! C'est un grand tourment qu'une imagination comme la mienne! Mais qu'y faire? Comment me corriger? J'emploie les moyens que je crois les meilleurs : le raisonnement, la prière, son souvenir. Je ne peux pas! C'est comme si je voulais me corriger de l'aimer!

PAUL (dans le jardin, chantant).

« Le vase où meurt cette verveine
« D'un coup d'éventail fut fêlé...

MARIE

Ah!... le voilà qui chante! c'est le vase brisé de Sully-Prudhomme.

PAUL (continuant à chanter).

« Le coup dut effleurer à peine,
« Aucun bruit ne l'a révélé!

MARIE

Quelle jolie voix il a!... De qui donc est la musique?... Comme elle est pénétrante!

PAUL (continuant à chanter).

« Mais la légère meurtrissure
« Mordant le cristal chaque jour,
« D'une marche invisible et sûre
« En a fait lentement le tour!

MARIE

Délicieux!

PAUL

« Son eau pure a fui goutte à goutte,
« Le suc des fleurs s'est épuisé,
« Personne encore ne s'en doute.
« N'y touchez pas!... Il est brisé!

MARIE

Ah! Je me rappelle!... C'est une des mélodies de Paladilhe!

PAUL (chantant).

« Ainsi parfois la main qu'on aime,
« Effleurant le cœur, le meurtrit!
« Puis le cœur se fend de lui-même,
« La fleur de son amour périt!

MARIE (avec un peu de crainte).

Quel accent!

PAUL

« Toujours intact aux yeux du monde,
« Il sent croître et pleurer tout bas
« Sa blessure fine et profonde!...
« Il est brisé, n'y touchez pas! (*Le chant s'arrête.*)

MARIE (avec crainte).

Je me sens le cœur tout troublé!... Son émotion en chantant cette strophe... ressemblait à un regret... à un reproche!... Est-ce que je l'aurais blessé sans le savoir?... Est-ce que ma main qu'il aime aurait meurtri son cœur... Oh! non!... C'est impossible!... Et pourtant, quand il a dit ce vers...

« La fleur de son amour périt!... »

il m'a semblé que c'était de son amour à lui qu'il

parlait... et à ce mot... il est *brisé*... j'ai cru!... Allons! allons! Je suis folle! Vraiment je l'aime trop! (*Elle écoute, et essuie ses yeux.*) Il me semble qu'il m'appelle!... Oui! c'est bien moi!... (*Elle va à la fenêtre.*) Paul!... Est-ce que tu m'appelles?... Oui. Tu veux quelque chose?... Ah! oui! je comprends... Ta veste. Quoi? Qu'est-ce que tu me demandes? Si je t'ai attaché ta décoration? Oui, monsieur, oui! Votre femme fait toujours tout ce que vous lui dites de faire. (*Écoutant.*) Quoi?... Je n'entends pas! Tu dis!... Ah! oui!... Tu veux que je te la jette par la fenêtre!... Tiens!... attrappe!... (*Elle lance la veste par la fenêtre. Un papier tombe de la poche.*) Un papier?... une lettre?... (*Elle la ramasse.*) La lettre de cette nuit!... Oui! c'est bien elle! Je la reconnais... Voilà la cire rouge... voilà le cachet!... O mon pauvre cœur!... (*Elle porte la lettre à son nez.*) Du papier parfumé! Il n'écrit jamais sur du papier parfumé!... Et cette adresse inachevée!... « A madame... » Pas de nom!... Pourquoi?... (*Elle regarde la lettre en tous sens.*) Comme il avait peur qu'on ne pût la lire! La cire ne lui a pas suffi... Il a encore fermé la lettre de tous côtés avec de la gomme. (*Elle regarde encore la lettre avec plus d'attention.*) Qu'est-ce que je vois? La première lettre du nom est tracée à demi!... C'est un V... C'est pour elle! C'est pour Mme de Verdière! Oh! le cas de légitime défense justifie tout! Quand un voleur entre chez vous, vous avez le droit de vous armer contre lui!... Et je peux bien. (*Elle déchire vivement l'enveloppe, elle ouvre la lettre, la lit, et, après l'avoir lue, tombe sur un siége, la tête dans ses deux mains. — Après un long silence, elle relève la tête, et à voix basse.*) Oh! bon Dieu!... Quelle honte!... Je suis sûre qu'il est là en bas, sous la fenêtre et se moquant de moi. (*Lisant la lettre.*) « Ah! je t'y prends! Jalouse! »

(*A moitié riant.*) Oh! le monstre! Comme il me connaît! Il a deviné que je la lirais! C'est bien joué!... Il a tant d'esprit. (*Relisant la lettre.*) « Ah! je t'y prends, ja... » Je n'oserai jamais reparaître devant lui. (*Elle se lève tout doucement et va à la fenêtre, regardant de derrière le rideau, de façon à ne pas être vue.*) Juste! Il est là! Il a les yeux tournés par ici! Il rit dans sa barbe... dans sa jolie barbe!... (*Se mettant tout à coup franchement à la fenêtre et lui envoyant mille baisers.*) Hé bien!... va! ris! moque-toi de moi! ça m'est bien égal!... Je suis si heureuse! (*Se retournant du côté du berceau.*) Son fils s'éveille!... (*Appelant son mari.*) Viens!... viens!... que je t'embrasse et que je te demande pardon au-dessus de son berceau... Mais viens donc!... Ah! ma foi! je n'y tiens pas!... je vais le chercher! (*Elle s'élance dans le jardin; la toile tombe.*)

LES PETITS CADEAUX

Comédie en un Acte

Par M. JACQUES NORMAND

Jouée pour la première fois à Paris, dans la salle du Conservatoire, le 12 mai 1875.

PERSONNAGES

MONSIEUR.   M. Coquelin ⎫ de la
MADAME.   Mme Favart   ⎬ Comédie Française.

UN DOMESTIQUE.

LES PETITS CADEAUX

SCÈNE PREMIÈRE

Un salon.

Monsieur, endormi dans un fauteuil, près de la cheminée
UN DOMESTIQUE.

LE DOMESTIQUE, apportant le journal.

Monsieur... Il dort! Silence! ne le réveillons pas!... il serait furieux! (*Il pose le journal sur la table et sort sur la pointe des pieds.*)

MONSIEUR, seul et rêvant tout haut.

Garçon! du champagne! des carafes frappées! (*Fredonnant un air de danse.*) Maintenant, si nous dansions un peu? C'est cela! Une petite danse à caractère... (*Il s'agite sur son fauteuil.*) En avant deux! (*Il remue les jambes et renverse les pincettes qui tombent avec fracas. Se réveillant en sursaut.*) Hein! qu'est-ce donc? (*Il se frotte les yeux.*) Je me croyais... mais non, je suis bien chez moi, dans mon salon... onze heures! Voilà une heure au moins que je dors. (*Il bâille.*) Je me suis levé de si bonne heure... ou plutôt je me suis couché si tard! Brrrou! qu'il fait froid! (*Il se rapproche du feu.*) Je me sens tout singulier, ce matin... mal à mon aise... Ah! voilà ce que c'est que de faire des folies! Quand on a une femme charmante, — car elle est charmante, ma femme, — oublier ses devoirs jusqu'à aller souper avec... Ah! monsieur, vous devriez rougir! (*Il se lève et se regarde dans la glace.*) Pas du tout! vous êtes au contraire d'un pâle!... (*Se donnant un soufflet.*) Misérable! Rougis donc! Repens-toi, don Juan! (*S'avançant.*) Don Juan, à trente-cinq ans sonnés, c'est un peu... ridicule! Que voulez-vous! J'adore ma femme, c'est incontestable, mais le ciel m'a départi un cœur sensible, et l'on doit toujours, assure-t-on, obéir à son cœur. J'obéis donc souvent... trop souvent même. Ainsi, hier soir encore, hé bien! mon pauvre cœur a parlé et j'ai eu la faiblesse de l'écouter. « Blanche, ai-je dit à ma femme, je suis obligé d'aller au cercle pour la réception d'un membre étranger. Je ne rentrerai probablement que tard : ne m'attends pas. » Elle m'a répondu, avec une douceur d'ange : « Va! mon ami! » Et j'ai été, moi infâme, non pas au cercle, mais dans un cabinet particulier, où je n'ai reçu personne, mais où j'ai amené quelqu'un... Ah! les regrets! les remords m'étouffent; j'ai honte de ma conduite : je suis bien coupable! (*Il tombe dans un fauteuil, se cachant le visage dans les mains; puis au bout d'un instant, naïvement.*) Hé bien! non! que voulez-vous? j'ai beau faire! les remords ne m'étouffent pas, et je ne puis arriver à avoir honte de moi-même... non, vraiment, je ne le puis pas... Ah! c'est que j'ai un système admirable pour me mettre d'accord avec ma conscience; un système parfait, à l'usage des maris au cœur sensible comme moi, et que j'expliquerais bien si j'étais sûr... Mais, sous ce rapport, je puis être tranquille, absolument tranquille, n'est-ce pas?... Donc, ce système, le voici. Chaque fois...

SCÈNE DEUXIÈME

MONSIEUR, UN DOMESTIQUE.

LE DOMESTIQUE, entrant.

On apporte un paquet pour monsieur.

MONSIEUR

De chez qui ?

LE DOMESTIQUE

De chez le bijoutier.

MONSIEUR

Ah ! bien ! Donnez !

LE DOMESTIQUE, lui remettant un écrin.

La facture est ci-jointe.

MONSIEUR, prenant et lisant.

Diable ! c'est cher... Enfin, il le faut. (*Au domestique.*) Dites que je passerai.

(Le domestique sort.)

SCÈNE TROISIÈME

MONSIEUR, seul.

Hé bien ! comprenez-vous ? Le système, le voilà. Chaque fois que je commets une faute, je la répare ; chaque fois que j'obéis à mon cœur, je fais à ma femme un cadeau. Hier soir j'ai failli : vite un bijou ce matin. C'est réglé : je n'y manque jamais. Ce système de compensation est simplement admirable : grâce à lui, ma femme, qui aime naturellement les bijoux, est fort contente... et moi aussi; grâce à lui, je mets une sourdine à la voix de ma conscience, qui est vraiment bonne fille et ne crie pas trop fort. (*S'asseyant et ouvrant l'écrin.*) Ah! j'ai été généreux aujourd'hui; il est vrai que j'ai été si coupable hier soir! Et puis, il faut bien faire quelques folies, pour s'en faire pardonner d'autres. Une bague ravissante... avec des perles! Elle adore les perles. Ah! cela réjouit de faire son devoir... ou à peu près...

SCÈNE QUATRIÈME

MONSIEUR, MADAME.

MADAME, entrant.

Je vous dérange?

MONSIEUR, refermant vivement l'écrin.

Mais non, ma chère; jamais!

MADAME, ayant vu le mouvement.

Ah! j'en étais sûre! A nous deux, maintenant!

MONSIEUR, de même.

Qu'avez-vous donc?

MADAME

Rien.

MONSIEUR

J'avais cru... je me suis trompé. Comment cela va-t-il, ce matin ?

MADAME

Très-bien, mon ami, merci. Et vous ?

MONSIEUR

A merveille !

MADAME

Vous avez l'air d'être gelé !

MONSIEUR

Gelé ! moi ? Oh ! non, au contraire ! J'ai même trop chaud. (*A part.*) Acceptons tout ! je suis si coupable ! (*S'approchant de sa femme, avec câlinerie.*) A-t-on bien dormi, cette nuit, et a-t-on pardonné ?

MADAME

Pardonné ? A qui ?

MONSIEUR

A moi.

MADAME

Et quoi donc ?

MONSIEUR

Mais, mon abandon d'hier soir. Je vous ai quittée...

MADAME, s'asseyant.

C'est vrai ! je n'y pensais plus.

MONSIEUR, piqué.

Ah !

MADAME

Eh bien! l'avez-vous reçu convenablement ce membre étranger? Vous êtes-vous montrés hospitaliers pour ce pauvre homme?

MONSIEUR

Sans doute.

MADAME

C'est un Turc?

MONSIEUR

Non... un Polonais.

MADAME

Avec des bottes?

MONSIEUR

Non... c'est-à-dire si! des bottes, mais si petites!... presque des bottines! Ah! c'était très-intéressant, cette réception, très-brillant... Et cela a duré fort tard. Et vous, ma chère, qu'avez-vous fait? Vous avez dû bien vous ennuyer ainsi, toute seule au coin de votre feu...

MADAME

Mais non! je vous assure. J'ai travaillé, j'ai lu; à onze heures, j'étais couchée.

MONSIEUR, à part.

Onze heures! l'heure du crime! Oh! ma conscience! (*Montrant l'écrin qu'il a tenu constamment derrière lui.*) Heureusement que j'ai là de quoi l'apaiser. (*Haut à sa femme, et s'appuyant sur le dossier de sa chaise.*) Ma chère Blanche...

MADAME, bas.

Voilà l'attaque qui commence. (*Haut.*) Mon ami...

MONSIEUR

Savez-vous ce que je me disais tout à l'heure en vous regardant?

MADAME

Je m'en doute.

MONSIEUR

Et c'est...

MADAME

Que je suis jolie?

MONSIEUR

Non... c'est-à-dire, si! Mais je me disais aussi autre chose.

MADAME

Et c'était?

MONSIEUR

Que je suis un mari bien coupable, de vous laisser ainsi si souvent seule le soir, de n'être pas toujours près de vous, à vos côtés...

MADAME

Oh! je ne vous en veux pas!

MONSIEUR

Parce que vous êtes la bonté même! mais moi, je me fais souvent des reproches, de violents reproches...

MADAME

Oh! ils sont bien peu mérités!

MONSIEUR

Mais si, ils le sont... (*A part.*) Ange! va! (*Haut.*) Aussi, afin de me prouver que vous m'avez pardonné tout à fait, soyez donc assez bonne pour...

MADAME, continuant sur le même ton.

Accepter ce petit cadeau...

MONSIEUR

Justement.... que je suis trop heureux...

MADAME, continuant.

De pouvoir vous offrir.

MONSIEUR, un peu interloqué.

C'est cela... vous aviez deviné...

MADAME

Sans doute; vous êtes si bon et si souvent bon pour moi!

MONSIEUR

Jamais assez!... (*A part.*) Scélérat! (*Haut.*) Vous acceptez, n'est-ce pas?

MADAME

Moi? mais certainement... J'ai déjà accepté deux broches, trois paires de pendants d'oreilles, cinq bagues et à peu près autant de bracelets; et je n'accepterais pas aujourd'hui ce... cette... Qu'est-ce que c'est, cette fois-ci?

MONSIEUR

Une bague.. avec des perles... Vous aimez les perles, je crois?

MADAME, sans prendre l'écrin.

Oh! vous devriez commencer à en être sûr. — Donc, c'est dit, j'accepte; mais à une condition.

MONSIEUR

J'y souscris d'avance. Et c'est...

MADAME

De me permettre d'agir à votre égard comme vous le faites au mien.

MONSIEUR, se reculant étonné.

Hein?

MADAME

Je veux aussi vous faire mon petit cadeau.

MONSIEUR

A moi? Et pourquoi?

MADAME

Et vous, pourquoi m'en faites-vous?

MONSIEUR

Moi? (*A part.*) Diable! (*Haut.*) Parce que cela me fait plaisir.

MADAME

Hé bien! moi aussi. Tenez, je me suis aperçue que votre porte-monnaie — inépuisable — commençait à vieillir : le voici remplacé. (*Elle tire un porte-monnaie de sa poche et le lui tend.*)

MONSIEUR, sans prendre le porte-monnaie.

Merci bien... mais... (*A part.*) Cela me fait un singulier effet!

MADAME, lui tendant le porte-monnaie.

Allons! donnez à gauche, moi à droite; c'est un échange : cela vous va-t-il?

MONSIEUR

Très-bien!... (*A part.*) Ah! mais! pas du tout! (*Il prend le porte-monnaie, et madame la bague.*)

MADAME, regardant la bague.

Ravissante.

MONSIEUR, regardant le porte-monnaie.

Très-joli!... (*A sa femme.*) Merci, ma chère; mais c'est la dernière fois, je pense, que vous me faites un cadeau?

MADAME

Pourquoi cela? mon porte-monnaie n'est-il pas de votre goût?

MONSIEUR

Tout à fait... mais...

MADAME

Alors, pourquoi m'arrêter en si beau chemin? (*Prenant le bras de son mari avec câlinerie.*) Vous souvenez-vous, mon cher, voilà quinze jours environ, nous nous promenions le soir rue de la Paix; vous m'avez fait remarquer, à la vitrine de Mellerio, une épingle de cravate, jolie, oh! mais! jolie!

MONSIEUR

Peut-être... Eh bien?

MADAME

J'en ai commandé pour vous une pareille; je dois même la recevoir ce matin.

MONSIEUR, se reculant.

Ah! non! cette fois-ci, c'est trop! Je n'accepterai pas! (*A part.*) Qu'est-ce que cela veut dire?

MADAME

Pourquoi?

MONSIEUR

Parce que vous n'avez pas à me faire de cadeaux... (*Il se promène avec agitation de long en large.*)

MADAME

Et vous?

MONSIEUR

Moi... c'est différent! parce que je ne veux pas que vous dépensiez votre argent inutilement.

MADAME

Et vous?...

MONSIEUR

Je vous répète que moi c'est différent! un mari peut faire des cadeaux à sa femme!

MADAME

Et une femme à son mari!

MONSIEUR

Ce n'est pas la règle!

MADAME

Ce sera l'exception !

MONSIEUR

Un porte-monnaie! une épingle! tout cela en même temps! (*A part.*) Moi, du moins, je mets quinze jours d'intervalle !

MADAME, insistant.

Vous ne voulez pas?

MONSIEUR

Nous avons des moments très-durs à passer.

MADAME

Nous les passerons !

MONSIEUR

Ce sont de folles dépenses! il faut penser à l'avenir, aux enfants !

MADAME

Nous n'en avons pas !

MONSIEUR

Nous en aurons !

MADAME

Enfin, mon cher, je veux que vous acceptiez.

MONSIEUR

Et moi, je m'y refuse absolument.

MADAME, se jetant dans un fauteuil d'un air indifférent.

Puisque c'est un système, je me tais! (*Elle prend le journal, l'ouvre et a l'air de lire, tout en observant son mari.*)

MONSIEUR, à lui-même.

Un système?... Est-ce un mot à mon adresse? Dieu! que ma situation est embarrassante! Pour me faire ce cadeau, a-t-elle les mêmes raisons que moi?... Oh! je ne veux pas le croire. Sait-elle tout? Je voudrais bien savoir si elle sait tout; mais, d'un autre côté, si elle ne sait rien, j'ai peur, en ayant l'air de savoir qu'elle sait tout, de lui faire tout savoir... Mon Dieu! mon Dieu!... (*S'approchant de sa femme.*) Blanche...

MADAME, sans interrompre sa lecture.

Mon épingle!

MONSIEUR

Écoutez-moi...

MADAME

Mon épingle!

MONSIEUR

Non! mille fois non! (*Il se promène avec agitation de long en large. Un silence.*)

MADAME, lisant.

« On annonce comme certain qu'un nouveau soulèvement vient d'avoir lieu en Algérie, dans la province d'Oran... » (*Avec un soupir.*) Pauvre Charles!

MONSIEUR

Qui, Charles?

MADAME

Charles de Verrières, mon cousin. Vous l'avez vu une fois.

MONSIEUR

L'officier de chasseurs d'Afrique?

MADAME

Justement! A propos, j'ai oublié de vous dire qu'il est à Paris en ce moment.

MONSIEUR

Ah!

MADAME

Oui. Il est même venu me voir hier.

MONSIEUR

Hier?

MADAME

Il était en uniforme... grandes bottes molles — de vraies bottes, celles-là — pantalon rouge, dolman bleu... Ah! je ne connais rien de charmant comme cet uniforme! Ce bleu surtout est adorable, n'est-ce pas?

MONSIEUR

Peuh! c'est bien salissant!

MADAME

Il paraît qu'il s'est admirablement conduit là-bas; on

l'a nommé capitaine; il a donné la chasse aux Arabes ; il a même tué un chef, je crois...

MONSIEUR

C'est lui-même qui vous a mise au courant de ces hauts faits d'armes?

MADAME

Oh! vous le connaissez peu ! Il est aussi modeste que brave !... J'ai su tout cela indirectement... D'ailleurs, en dépit de sa modestie, un bout de ruban rouge, sur ce bleu... salissant, était une preuve...

MONSIEUR

Oh! une preuve ! Aujourd'hui, tout le monde est décoré !

MADAME, levant les yeux sur la boutonnière de son mari et regardant fixement.

Tout le monde ?

MONSIEUR, comprenant le mouvement.

Tout le monde dans l'armée ! (*A part.*) Ah ça! est-ce que le cousin de Verrières serait pour quelque chose dans le cadeau que ma femme veut bien me faire aujourd'hui?

MADAME, relisant le journal.

Si cette nouvelle est vraie, il va être obligé de retourner là-bas... et tout de suite. Pauvre cousin !

MONSIEUR

Les soldats sont faits pour se battre !

MADAME

Sans doute, on en tue même quelques-uns de temps en temps. Ah ! c'est horrible à penser !

MONSIEUR

Hé bien ! n'y pensez pas !

MADAME

M. de Verrières est mon cousin, mon ami d'enfance : nous avons été élevés ensemble ; il a même été question un moment... mais cela n'a pas réussi.

MONSIEUR

Tant pis !

MADAME

Merci bien !

MONSIEUR

Tant pis... pour vous, qui adorez le bleu de ciel.

MADAME

Oh ! l'uniforme n'est que l'accessoire ; je vous assure que M. de Verrières sait porter un habit.

MONSIEUR

De grâce, assez de plaisanteries ! Parlons franchement ! — Ce cadeau...

MADAME, se levant vivement.

Vous l'acceptez... enfin !

MONSIEUR

Non pas ! Ce cadeau...

MADAME

Hé bien ?

MONSIEUR

Voyons, ma chère, dites-moi toute la vérité : vous me le donnez parce que vous voulez me faire comprendre... comment dirai-je? me faire sentir que vous avez appris...

MADAME, vivement.

Quoi donc? Qu'ai-je appris? Qu'ai-je pu apprendre? Mon ami, dites-le-moi... vous savez combien je suis curieuse... Est-ce quelque chose qui vous intéresse?

MONSIEUR, à part.

Impossible de rien savoir... (*Haut.*) Non.

MADAME

Quelque chose de fâcheux pour vous?

MONSIEUR

Non.

MADAME

Pour moi?

MONSIEUR

Pas davantage.

MADAME

Qu'est-ce donc, enfin?

MONSIEUR

Mais rien... je ne sais même plus de quoi je voulais parler... j'avais la tête ailleurs.

MADAME, le regardant en face.

En effet, vous avez un air étrange ce matin, mon ami,

Vous êtes pâle... vous avez mal dormi, sans doute... Seriez-vous malade?

MONSIEUR

Mais non... mais non...

MADAME

Peut-être avez-vous froid? Je vais faire mettre une bûche au feu. (*Elle sonne.*)

MONSIEUR, à part.

Il est écrit que je ne saurai rien. Je ne puis pourtant rester dans un doute pareil... Mais comment diable en sortir?

SCÈNE CINQUIÈME

LES MÊMES, LE DOMESTIQUE.

MADAME, au domestique.

Mettez une bûche au feu.

LE DOMESTIQUE

On apporte à l'instant un paquet pour madame.

MADAME

De chez qui?

LE DOMESTIQUE, lui donnant le paquet.

De chez le bijoutier.

MADAME

Ah! Donnez...

(Le domestique sort.)

SCÈNE SIXIÈME

MONSIEUR, MADAME.

MADAME (elle s'avance à petits pas près de son mari, en tenant le petit paquet en l'air).

La voilà !

MONSIEUR, sans lever les yeux.

Ce qui est dit, est dit !

MADAME

C'est une perle, comme la bague que vous m'avez donnée. — Aimez-vous les perles ?

MONSIEUR

Pas du tout.

MADAME

Elle vient de chez Mellerio, comme votre bague : c'est de la même fabrique.

MONSIEUR, à part.

Serait-ce une allusion ?

MADAME

Décidément, vous ne voulez pas accepter ?

MONSIEUR

Non.

MADAME

Hé bien! tant pis! car si vous l'aviez prise, je vous aurais dit...

MONSIEUR

Quoi donc?

MADAME

Ce que vous désirez tant savoir.

MONSIEUR

Vous m'auriez dit... pourquoi vous me faites ce cadeau?

MADAME

Justement!

MONSIEUR

Est-ce la vérité?

MADAME

A vous de vous en assurer.

MONSIEUR

Comment?

MADAME

En acceptant.

MONSIEUR

Eh bien! j'accepte.

MADAME, lui tendant la boîte.

Voici.

MONSIEUR

Pardon! j'accepte; mais exécutez-vous d'abord, je ne prendrai qu'après.

MADAME

Pas de compromis : donnant, donnant.

MONSIEUR

Cependant...

MADAME

Alors vous ne saurez rien.

MONSIEUR, à part.

Elle est impitoyable. (*Haut.*) Savez-vous que vous avez la volonté d'un homme?

MADAME

Et vous la curiosité d'une femme? Voyons! Une, deux...

MONSIEUR

Trois! j'accepte.

MADAME

Enfin!

MONSIEUR, prenant la boîte.

Et je prends livraison... Maintenant, votre promesse.

LE DOMESTIQUE, entrant et annonçant.

Le déjeuner est servi. (*Il sort.*)

MADAME

Si nous allions déjeuner? Je me meurs de faim.

MONSIEUR

Et votre promesse ?

MADAME

Onze heures et demie! Mon Dieu! que j'ai faim. Votre bras ?

MONSIEUR

Mais, ma chère, cette promesse...

MADAME

Après le déjeuner.

MONSIEUR

Non, je vous en prie, tout de suite.

MADAME

Vous tenez donc bien à le savoir ?

MONSIEUR

Beaucoup.

MADAME

Vous avez peut-être tort, en vérité.

MONSIEUR

N'importe !

MADAME

Hé bien! mon ami, écoutez-moi. Voilà cinq ans que nous sommes mariés, n'est-il pas vrai ? Pendant les quatre premières années, soit dit sans reproche, vous me faisiez de temps en temps un cadeau, mais de temps en temps seulement, juste assez pour ne pas manquer au proverbe et « entretenir l'amitié ». Tout à coup, voilà un an environ, les cordons de votre bourse se délient comme par enchantement; le Pactole y avait passé sans doute; je reçois cadeaux sur cadeaux, colliers petits et grands, bagues pour tous les doigts, bracelets divers : en un mot, de quoi avoir l'air d'une châsse, si je portais tout ce que j'ai reçu.

MONSIEUR

Et ce procédé vous a blessée?

MADAME

Non pas! mais étonnée. Je suis femme, mon ami, très-femme, c'est-à-dire curieuse à la centième puissance, et tandis qu'à chaque nouveau cadeau je vous disais tout haut : « Merci! », je me disais tout bas, en moi-même : « Pourquoi? » Toutes vos pierreries, destinées à m'éblouir, m'ont au contraire éclairée, car il m'est venu tout à coup en tête un souvenir, bien bizarre, vous l'avouerez.

MONSIEUR

Un souvenir?

MADAME

Oui, je me suis souvenue de ces madones italiennes surchargées de parures merveilleuses, de bijoux étincelants, qu'elles doivent à un repentir généreux ou à une tardive expiation. Ce souvenir m'a fait réfléchir, j'ai comparé, j'ai cherché à comprendre... et je crois avoir compris.

MONSIEUR, à part.

Pincé! (*Haut.*) Mais, je vous assure...

MADAME

Si, mon ami! j'ai compris. Vous venez d'en avoir la preuve.

MONSIEUR

La preuve?

MADAME

Oui. Cette épingle que je vous ai donnée.

MONSIEUR

Comment! cette épingle, vous me l'avez donnée, parce que vous... parce que je...

MADAME

Justement!

MONSIEUR

Mais c'est indigne! Comment, vous osez m'avouer en face que je... que vous...

MADAME

Mais dites-le donc!

MONSIEUR

Que vous m'avez indignement trompé!

MADAME, avec le plus grand sang-froid.

Merci, mon cher! vous vous êtes trahi; jusqu'ici je pouvais encore douter; maintenant, je sais à quoi m'en tenir.

MONSIEUR, à part.

Imbécile! (*Haut.*) Il ne s'agit pas de moi, madame, mais de vous! Il est des choses qui sont excusables pour un homme et impardonnables pour une femme, et je veux... Ah! ce M. de Verrières!

MADAME, riant.

Allons, mon cher, ne vous agitez pas ainsi, comme un Othello : M. de Verrières est en Afrique depuis quatre ans et ne songe pas, que je sache, à en revenir.

MONSIEUR

Qui me le prouve?

MADAME

Si ce que vous craignez eût été vrai, vous l'eussé-je avoué? — Vous savez bien que non... par expérience.

MONSIEUR

Mais alors ?

MADAME

Hé bien! j'ai voulu savoir si mes doutes étaient fondés; pour cela, je n'avais qu'un moyen : vous combattre avec vos propres armes : c'est ce que j'ai fait... Ah! que je m'amuse depuis une demi-heure! Je vous presse, je vous pousse, je me donne le plaisir bien permis, vous l'avouerez, de vous tourmenter un peu; enfin, vous venez de vous livrer vous-même : c'est tout ce que je voulais. Comprenez-vous maintenant ?

MONSIEUR

Oui, je comprends! et je suis un sot d'oublier un seul moment que vous êtes la plus aimable des femmes et que vous devriez être la plus aimée. C'est ce que je vous promets désormais. M'est-il permis de signer ma promesse sur la main de mon vainqueur? (*Il lui prend la main et va pour la baiser.*)

MADAME

Prenez garde ! il y a sur cette main-là les deux dernières bagues que vous m'avez données.

MONSIEUR, cherchant à lui embrasser le bras.

Un peu plus haut, alors.

MADAME

Attention au troisième bracelet... C'est celui de février dernier.

MONSIEUR

Ah ! tous ces bijoux maudits ! que je ne les voie plus ! Jetez-les ! jetez-les !

MADAME

Halte-là ! mon ami : pas de sacrifice inutile ! — Seulement souvenez-vous bien d'une chose : ce cadeau que je vous fais aujourd'hui, je vous le donne ; mais au premier cadeau expiatoire que vous m'offrez...

MONSIEUR

Hé bien ?

MADAME

Hé bien ! les petits cadeaux...

MONSIEUR

Ça entretient l'amitié ?...

MADAME

Non ! ça se rend.

MONSIEUR

Diable !

MADAME

Maintenant, nous pouvons aller déjeuner, mon ami. Vous voilà au courant de la situation, n'est-il pas vrai? Votre bras...

MONSIEUR (Il prend le bras de Madame, puis, passant sur le devant de la scène, au public.)

Vous savez... je ne vous le recommande plus, mon système... Il coûte très-cher et ne vaut rien!

La toile tombe.

SILENCE DANS LES RANGS!

Comédie en un Acte

Par M. ERNEST D'HERVILLY

Représentée pour la première fois au Cercle artistique et littéraire de Bruxelles, le 19 mars 1875.

PERSONNAGES

DAVID, capitaine au 151ᵉ de ligne. M. C. Coquelin.
Georges de HAZEBROUCK, com‑
   mandant en retraite. M. Coquelin cadet.
GABRIELLE, sa jeune sœur. Mlle Bartet.

SILENCE DANS LES RANGS!

Un petit salon de travail et de lecture, à la campagne, de plein pied avec un jardin dont l'automne a déjà rouillé les verdures. — C'est le matin. — Portes à droite, à gauche et au fond.

SCÈNE PREMIÈRE

GABRIELLE.

(Elle est assise sur une chaise basse près de la cheminée où flambent quelques sarments, et contemple d'un air pensif une petite photographie encadrée, qu'elle tient à la main. Un ouvrage de tapisserie a roulé de ses genoux par terre.)

Voyons, soyons raisonnable. Essayons de l'être, du moins. Et pour n'y plus penser... d'aujourd'hui, remettons à la place, d'où il nous regarde silencieusement depuis tant de longues années, le portrait de cet... je ne puis l'appeler un ingrat, pourtant... non, le portrait de ce cher et cruel aveugle... (*Elle met la photographie sur la cheminée.*) Allons, comme dit mon frère Georges : F A I T fait! c'est fait! (*Elle s'assied et ramasse sa tapisserie.*) C'est fait, pour aujourd'hui, hélas! mais demain? (*Elle lève les yeux et regarde de nouveau le portrait.*) Quelle bonne et brave figure! Oui, le voilà bien, tel qu'il est encore à présent, ce gai et insoucieux soldat qui semblait si effrayant à mes camarades de la pension, quand il venait m'y voir, en compagnie de Georges. Ah! capitaine David! capitaine David!... malgré vos grosses moustaches... et peut-être même à cause de ces grosses moustaches bien françaises... votre visage dut apparaître comme celui d'un ange héroïque et sauveur, d'un saint Michel à l'épée flamboyante, le jour où là-bas, à mon pauvre Georges, étendu sur le sable, blessé, n'attendant plus que la mort, il se montra tout à coup, terrible et pâle, entre les sabres levés des hussards autrichiens! Cher portrait! Il nous fut envoyé de bien loin, un an après cette terrible histoire, un soir d'octobre, ici. Mon brave Georges, retraité depuis peu à cause de ses blessures, était là, près de la cheminée; et moi, petite fillette qui venais de prendre aussi mes invalides... de pensionnaire, j'étais assise de l'autre côté du foyer. Georges me tendit cette photographie sans mot dire, en souriant... Oh! je reconnus qui c'était tout de suite! « C'est David, » m'écriai-je... « c'est monsieur le capitaine David, » repris-je en rougissant, beaucoup. — « Non, tu as raison, Gabrielle, fit mon frère. Appelle-le toujours simplement David... Aussi bien l'enfant, dont le ciel a sauvé le père, ne remercie pas monsieur le bon Dieu; il dit : Dieu, tout court. »

Et voilà, j'ai suivi le conseil de Georges. (*Après un soupir.*) Mais je crois bien que j'ai dit trop souvent David tout court, toute seule?... Hélas! dans la lettre qui accompagnait le portrait, ne disait-on pas « qu'on espérait que cette image rappellerait parfois quelqu'un à certaines personnes »? Les certaines personnes, je croyais bien que c'était moi! Aussi j'ai fait ce qu'on me demandait : je me suis rappelé l'absent, non pas parfois, mais toujours!... Je ne me le reproche pas, mais je le vois maintenant... j'ai eu tort de songer peu à peu à David autrement que comme au sauveur de mon frère... Ah! comme on se leurre, comme on s'égare en de vains rêves!... (*Avec un triste sourire.*)

A la photographie
Bien folle est qui se fie...

(*Elle fait quelques points.*) Et demain il s'en va, le capitaine David! Il nous quitte... pour de longs et tristes mois encore!... Son congé est fini. Il retourne à son dépôt, à Verdun! et il ne m'a rien dit... rien! (*Elle essuie une larme.*) (*On entend une toux militaire dans le jardin.*) Mais voici Georges. Soyons gaie.

SCÈNE DEUXIÈME

GEORGES, GABRIELLE.

GEORGES, gaiement.

Bonjour, petite sœur; déjà au travail, ma jolie abeille?

GABRIELLE, faisant le salut militaire.

Bonjour, maréchal de Rantzau!

GEORGES

Oh! mais non, sabre d'azur! pas encore, Gabrielle! Le brave guerrier dont tu parles n'avait d'entier que le cœur, à ce que dit la chanson, ou l'histoire... je ne sais plus au juste, et au fait, c'est à peu près la même chose, l'histoire et la chanson... mais, moi, petite sœur!... c'est-à-dire que tous mes membres peuvent répondre à l'appel : présents! (*Il tousse.*) Il n'y a que le poumon qui cloche... à l'automne surtout... C'est comme le poumon du *Jeune*

Malade à pas lents, tu sais?... que tu récitais si mal à ta pension, le jour des prix. Ah! dame, on n'est pas embroché comme un poulet, et à plusieurs reprises, par plusieurs militaires... sans s'en ressentir un peu... par le brouillard, de temps à autre... Mais F A I T fait! c'est fait; n'en parlons plus. As-tu vu ce scélérat de David, ce matin?

GABRIELLE

Je l'ai vu un instant... tout à l'heure... Il m'a dit bonjour et il est parti...

GEORGES

Toujours dehors, ce garçon-là!... Ah! si j'étais encore son commandant! je te lui flanquerais sept ans d'arrêts forcés! Mais je ne suis que son hôte et son obligé, et je dois... (*Il regarde Gabrielle de près.*) Ah! ça!... qu'est-ce qui s'est passé ici, tout à l'heure?... tu as l'air troublé!..

GABRIELLE, souriant.

Moi, Georges!

GEORGES

Oui, toi. Viens un peu ici! Avance à l'ordre! mais tu as les yeux rouges!... Sacrebleu, tu as pleuré, Gabrielle!... Et tu dis que David vient de te quitter... Est-ce que...? (*Joyeusement.*) Oui, je devine!... Ah! sournoise de petite sœur! on a profité de l'absence du vieil invalide de frère! vive la France! F A I T fait! c'est fait!... Il t'a demandé de l'épouser, hein? et tu lui as répondu : « Volontiers, capitaine! » (*Riant.*) Allons, voilà qui est bien. Enfants! je vous bénis.

GABRIELLE, avec douceur.

Non; monsieur le capitaine David ne m'a pas fait l'honneur de me demander ma main...

GEORGES

Il ne t'a pas fait l'honneur?... Ah! en voilà un imbécile! Oh! si j'étais encore son commandant! Comment! il ne t'a pas suppliée, à deux genoux, de consentir à devenir la femme d'un animal comme lui! et il n'est venu ici que pour ça, j'en suis sûr! et il part demain! mais alors il est fou du talon de ses bottes au pompon de son shako!

GABRIELLE

Il n'est pas fou. Je ne lui plais pas, sans doute, voilà tout.

GEORGES

Tu ne lui plais pas! (*Il tousse.*) Maudit brouillard! Tu ne lui plais pas, toi, ma petite Gabrielle, Mlle de Hazebrouck, la sœur du commandant de Hazebrouck! Je voudrais bien l'entendre me dire ça en face!

GABRIELLE

Il me regarde comme une tendre sœur... mais...

GEORGES

Il ne s'agit pas de la sœur ici. La sœur ça me regarde. Mais j'ai des yeux, vertugadin du diable! Je te dis, moi, qu'il t'aime!... Mais voilà : cet imbécile-là m'a sauvé la vie, tu es riche... et il fait le délicat! Il avale sa langue comme un conscrit! Il crèverait plutôt que de réclamer de moi un service!... (*Nouvel accès de toux.*) Maudit brouillard! voilà ma toux qui me reprend dans un moment solennel!... Mais je ne veux pas que ça se passe comme ça, moi, entends-tu bien? Qu'est-ce qui m'a donné un gueux comme celui-là, qui refuse une fille belle, bonne et riche, et un beau-frère encore passable! Eh! je connais bien sa position : il est tombé dans la fosse aux créanciers, c'est possible ; mais je ne veux pas qu'il y soit mangé. Caparaçon d'enfer! il ne m'empêchera pas une fois dans la vie, qu'il m'a conservée, de payer une partie de ma dette en payant toutes les siennes. Pour commencer, je veux qu'il t'épouse !

GABRIELLE

Georges !

GEORGES

Il n'y a pas de Georges qui tienne! Tu l'aimes...

GABRIELLE

Un peu...

GEORGES

Un peu... beaucoup... oui, tu l'aimes... jusqu'au bout des feuilles de la marguerite !... Il n'y a pas de mal à ça, Colinette! Et j'en suis ravi. C'est un cœur d'or, cet imbécile de David.

GABRIELLE

Je l'ai pensé quelquefois.

GEORGES

Et moi, toujours. C'est le mari qu'il nous faut, te disje, sabre d'azur! Une occasion d'être heureux tous les trois se présente : poursuivons-la ! David est muet : parlons ! Il se cache, c'est le moment de nous montrer. Entends-tu, Gabrielle, je te prie, je t'ordonne de mettre ce gaillard-là au pied du mur... de la mairie! C'est le monde à l'envers? soit! tant mieux! Il y a trop longtemps qu'il est à l'endroit, et que les honnêtes cœurs en souffrent. En avant! je vais d'abord lui pousser quelques bottes vigoureuses, au camarade. Puis, je te le livre. Après l'escarmouche, le combat. Ah! sa loyauté va former le carré, parbleu, je le connais. C'est à toi de l'enfoncer et de lui faire demander grâce! A la baïonnette, petite sœur! à la baïonnette!

GABRIELLE

Et si je suis repoussée?

GEORGES

Replie-toi en bon ordre, et appelle-moi. Et je ferai donner la réserve, et alors, mille parapluies d'acier! F A I T fait! ce sera fait!

GABRIELLE

Oh! mon bon Georges!

GEORGES

Je veux ton bonheur, moi! Comptes-tu, par hasard, quand tu auras atteint la quarantaine, ouvrir boutique de regrets et mettre en vente un fonds de bonnets blancs garnis de fleurs d'oranger, avec cette enseigne: *Mlle Gabrielle de Hazebrouck, modiste de sainte Catherine!*

GABRIELLE

Je préférerais en effet une autre profession... mais...

GEORGES

D'ailleurs, j'attends, moi, que tu aies passé le grand uniforme de mariée, pour... enfin, il suffit!

GABRIELLE

Tu voudrais te marier, Georges?

GEORGES

Après toi, s'il en reste, oui, petite sœur! mais nous causerons de cela plus tard.

GABRIELLE

Oh! alors, Georges, ne t'inquiète pas de moi! marie-toi! Tes enfants seront si contents d'avoir, à côté de leur mère, une bonne vieille petite tante pour les dorloter... pour les gâter... je les aimerai tant, mes neveux ou mes nièces!

GEORGES

Ta ta ta ta... Les neveux et les nièces, c'est très-gentil; mais c'est comme le chasselas qu'on achète : quelque bon qu'il soit, il ne semble jamais aussi savoureux que le petit raisin noiraud de son propre jardin!... Marie-toi!

GABRIELLE

Eh bien, Georges, puisque tu l'exiges... j'essayerai de...

GEORGES

Sabre au clair, ma belle! et en avant!

GABRIELLE, prêtant l'oreille.

J'entends le pas du capitaine David...

GEORGES

Bon! laisse-moi lui dire deux mots d'amitié, d'abord.

GABRIELLE, souriant.

Sois bon... avec modération, Georges.

(Elle sort par la porte de gauche.)

SCÈNE TROISIÈME

DAVID, GEORGES.

GEORGES

Ah ! te voilà, monsieur le flâneur.

DAVID, en toilette de cérémonie.

Oui, mon commandant... et à vos ordres...

GEORGES

La première fois qu'il t'arrivera de ne pas me tutoyer, je te supprime le vermuth à cinq heures !... mais d'où viens-tu ?... que veut dire ce costume ? Un habit noir dès l'aurore ! Une cravate blanche avant le déjeuner !

DAVID

Mon commandant, je veux dire Georges, c'est que je suis sur le point de faire une démarche grave dans cinq minutes : je vais demander la main d'une jeune personne...

GEORGES, avec joie.

Allons donc ! Tu y viens enfin, mon vieux copain ! Je m'y attendais un peu, je te l'avoue.

DAVID

Eh bien, ce n'est pas comme le colonel Verdière.. tu connais bien Verdière, mon colonel ? un petit vieux, sec et brun, dur à avaler comme un hanneton en chocolat ?

GEORGES

Si je le connais, Verdière ! Caserne du diable !

Verdière ! je l'ai brossé cent fois au piquet, quand nous étions à Blidah.

DAVID

J'ignorais ce détail biographique. Eh bien ! mon colonel ne s'y attendait pas du tout, lui, à la demande que tu trouves si naturelle. J'ai été le trouver, et je lui ai dit : « Mon colonel, est-ce que par hasard, après le service, vous n'avez jamais regardé les oiseaux dans la volière de la colonelle ? » — « Si, parfois, entre mes repas, » m'a répondu le colonel. — « Eh bien, mon colonel, vous avez dû voir, à une certaine époque de l'année, que toutes ces petites bêtes ont l'air inquiet, troublé, et qu'elles voltigent, de ci de là, sur les bâtons ; il y en a qui ramassent des brins de verdure, il y en a d'autres qui portent des bouts de fil au bout du bec ? » — « Oui, capitaine, j'ai remarqué cela entre mes repas, » m'a répondu le colonel, « et ça veut dire qu'elles veulent faire une fin, construire un nid, se caser, quoi ! » — « Oui, mon colonel ! Eh bien, mon colonel, » ai-je repris, « je suis comme les oiseaux de madame : moralement parlant, je suis arrivé à cette époque de la vie où l'on songe à l'avenir, et voilà plusieurs années que je me promène de ci de là, d'un bâton à l'autre, avec des brins de fil et de la verdure au bec, mon colonel ! » — « Capitaine David, vous voulez vous marier ! » s'est écrié avec effroi le vieux Verdière... sec et brun, dur à avaler comme un hanneton en chocolat. — « Oui, mon colonel, » ai-je fait en baissant la tête, « et je viens vous demander un congé pour exécuter mon projet. »

GEORGES

Et que t'a-t-il répondu, le vieux dur à cuire ?

DAVID

Il m'a répondu : « Eh bien, capitaine, allez au diable! et restez-y un mois! »

GEORGES

Très-bien... mais, voilà le mois fini, mon bon David! et tu ne l'es pas encore... casé, sacristi!

DAVID

Non, mais je le serai peut-être avant ce soir. Ce matin, j'ai pris mon courage des dimanches, j'ai passé la grande tenue civile et je vais aller solliciter la main de Mlle Lucie Raymond.

GEORGES, tombant des nues.

Lucie Raymond!... Lucie!... Ah! tu me... Lucie Raymond!

DAVID

Lucie Raymond, oui; le n° 4 des filles du père Raymond, ton voisin de campagne, parbleu! et notre ancien de Saint-Cyr. Mais qu'est-ce qu'il y a là qui t'étonne si fort?

GEORGES

Sabre d'azur! si je m'attendais à cela, par exemple, je veux être empoisonné! mais tu l'aimes donc, la petite n° 4 du père Raymond?

DAVID, assez froidement.

Non, pas encore, mais c'est une très bonne créature!... et puis je rendrai service au bonhomme Raymond. Lucie partie, il ne sera plus forcé de couper en cinq la bouchée quotidienne... et quoique pauvre...

GEORGES

Quel brave toqué tu fais !... alors c'est par pure charité que tu vas épouser?.. mais tu es le capitaine au petit manteau bleu, mon cher !...

DAVID, avec embarras.

Ce n'est pas par charité!... c'est par sympathie... et puis, quoi ! je ne peux pas sauter toute ma vie d'un bâton à l'autre, avec mes brins de fil au bec... comme les oiseaux du colonel... Il faut se ranger ! Il faut se faire une raison... Et quand on ne peut pas avoir le pain qu'on a rêvé à se mettre sous la dent... il faut se contenter... de la brioche, comme disait la princesse... Lucie sera ma brioche...

GEORGES, à mi-voix.

Aveugle, va !

DAVID

Aveugle ? Non, pas tant que cela ! Mlle Lucie est charmante... mais au fait, je n'ai pas besoin de te détailler tous les mérites de cette jeune fille... tu la connais...

GEORGES

Oui, certes ! c'est une petite fée ! Je le sais mieux que toi !

DAVID

Tu la connais de longue date, toi, son voisin ?

GEORGES

J'aurais pu la voir naître, et j'espère bien qu'elle me verra mourir.

DAVID

Alors, tu m'approuves ?

GEORGES, avec colère.

Comme le colonel Verdière! Va-t'en au diable !

DAVID

Merci!... j'y cours!... Cinq minutes et je reviens!..

sort.)

SCÈNE QUATRIÈME

GABRIELLE, GEORGES.

GABRIELLE, passant la tête par la porte entre-bâillée.

Eh bien ! F A I T fait ?

GEORGES

Non... pas encore... Mais sois sans crainte... patience ! Il vient de se sauver !

GABRIELLE

Tu l'auras brusqué !

GEORGES

C'est lui qui m'a estomaqué, au contraire !

GABRIELLE

Que veux-tu dire ?

GEORGES

Je veux dire qu'il est arrivé un troisième larron... et que tout le monde a l'air de se disputer le capitaine David, ici.

GABRIELLE

Oh! mon Dieu ! qui est le troisième larron ?

GEORGES

C'est ton amie Lucie Raymond.

GABRIELLE

Hélas!

GEORGES

Mais rassure-toi : il ne l'aime pas !...

GABRIELLE

Il ne l'aime pas?

GEORGES

Non. Il ne l'aime pas; David, j'en suis certain, ne se jette bravement dans le gouffre d'un mariage de raison que parce qu'il est assez lâche pour ne pas faire un mariage d'amour. Il t'aime, Gabrielle, il t'aime ! oui. Pendant qu'il m'annonçait sa résolution suprême, en couvrant d'un voile de plaisanterie la blessure de son cœur, ses yeux se tournaient anxieusement du côté de ton appartement... Il t'aime... mais il n'ose pas parler...

GABRIELLE

Que tu me fais de mal, Georges!..

GEORGES

Du calme, petite sœur! Lucie ne te le mangera pas, ton imbécile de capitaine!.. Je t'en donne ma parole d'honneur! Elle a de bien autres pensées en tête. Je la connais! moi!

GABRIELLE

Tu crois? Mais qui te le fait croire? Lucie a comme moi des yeux et des oreilles. Elle sait, comme moi, tout le prix de l'excellent cœur qui va s'offrir à elle; et, bien qu'elle soit jeune, ce ne sont pas quelques cheveux gris, çà et là... sur une tête bien aimée ..

GEORGES

Mille obus à la coque! Non, je l'espère bien, ce ne sont pas, comme tu le dis, quelques cheveux gris... ou blancs, çà et là... qui... mais, chut, voilà ton amoureux prodigue... de discrétion. Je m'éclipse. Allons, petite sœur, du courage! L'ennemi approche... Apprêt' vos armes!... joue!...

(Il sort par la droite.)

SCÈNE CINQUIÈME

GABRIELLE, DAVID.

(Gabrielle s'assied et fait de la tapisserie avec ardeur. David paraît à la porte du fond, la tête basse.)

DAVID, sans voir Gabrielle.

Ah! quelle sombre roulette que la vie! voilà quarante ans, non trente-six, que je mets sur la rouge du bonheur, et c'est la noire qui sort toujours!... Ah! Gabrielle!... Au fait, non, que le diable mette dans sa hotte toutes les femmes d'ici-bas, les bonnes comme les mauvaises...

GABRIELLE

Merci, capitaine...

DAVID, avec inquiétude.

Comment! vous étiez là, mademoiselle?

GABRIELLE

Oh ! je viens d'entrer seulement... sur la fin de votre belle exclamation.

DAVID

Je vous demande bien pardon, mademoiselle... mais je suis si furieux ; et j'ai raison de l'être !

GABRIELLE

Que vous est-il donc arrivé ?

DAVID

Voulez-vous que je vous le dise ?... mais vous aurez de la peine à comprendre l'état d'irritation dans lequel je me trouve... vous, qui êtes une petite personne si calme...

GABRIELLE

Je n'ai pas un caractère de brouillon, c'est vrai...

DAVID

Merci ! voilà mon clou rivé. Mais passons... Donc, voici ce qui m'arrive. Je suis franc, vous le savez... Je ne cache jamais ce que j'ai dans le cœur.

GABRIELLE

Hum !

DAVID

Comment, hum ? Oui, je suis franc, franc comme un ours. Je n'ai peut-être que ce seul mérite-là, mais je l'ai ! Donc, mademoiselle, il y a quelques minutes, j'ai été demander à Mlle Lucie Raymond de devenir ma femme.

GABRIELLE

Hein! quelle idée subite! mais on peut en avoir de plus mauvaises.

DAVID

Subite est le mot. Mais les raisons qui l'ont fait naître ce matin datent de bien loin, mademoiselle Gabrielle! Elles ont près de dix ans de bouteille!

GABRIELLE

Ah! je ne tiens pas à les connaître, capitaine. Au fait!

DAVID

Très-bien. Enfin, voici la chose : je demande un instant d'entretien à Mlle Lucie, elle me l'accorde, et aussitôt que nous sommes face à face, et seuls, je lui dis : Mademoiselle, regardez-moi bien; je suis un peu fripé du côté de la jeunesse, mais j'ai bien d'autres défauts; je suis joueur, viveur, querelleur, coureur... un peu toqué... voulez-vous de moi?

GABRIELLE

Ah! capitaine David! quel début!

DAVID

Eh bien, quoi! mademoiselle! je débutais en homme d'honneur, franchement, sans rien cacher; j'étais sur le terrain, je mettais habit bas, et je découvrais ma poitrine!

GABRIELLE, à part.

Quel fou! (*Haut.*) Et qu'a répondu Lucie à votre séduisant préambule?...

DAVID, furieux.

Elle m'a ri au nez, en me renvoyant aux calendes grecques.

GABRIELLE, riant.

Il n'est pas possible !

DAVID

C'est comme j'ai l'honneur de vous le dire...

GABRIELLE

Convenez-en, elle avait le droit de se montrer au moins surprise, cette pauvre Lucie !

DAVID

Comment, pauvre Lucie !... mais cette petite... fille-là ne m'a pas seulement donné le temps d'achever ma phrase... Je lui donnais de mon âme un signalement succinct, c'est vrai, mais il me restait quelques signes particuliers à déclarer... et ils ne sont pas à dédaigner tant que cela, même par votre pauvre Lucie !...

GABRIELLE

Elle doit en être aux regrets, la pauvre Lucie !

DAVID

Et pourquoi pas ! Sait-elle, en somme, ce qu'elle a refusé ? Que ne me laissait-elle expliquer ! Elle aurait compris sans doute tout ce qu'il y avait de flatteur et d'honorable pour elle dans le fait d'un soldat qui vient trouver une femme et lui dit ingénûment : Je sais que je ne suis qu'un caillou; mais vous êtes une fée, transformez-moi en une pierre... plus ou moins précieuse. Et c'est cela qu'elle ne m'a pas laissé le temps de lui dire. Je venais lui avouer ceci encore : Ce qu'il me faut à moi, qui me connais, qui sais combien je suis querelleur, noceur, joueur, flâneur et coureur, c'est une femme chez qui mes défauts, mes passions, mes vices soient mis en un rude sevrage... Il me faut une maîtresse femme, à moi! un professeur impeccable de bonne vie et mœurs!... J'ai besoin, je le dis sans honte, d'une femme... à poigne!... Ce qu'il faut pour me gouverner, pour me faire marcher droit, c'est une main de velours sous un gantelet de fer ; oh! pardon, je veux dire un gantelet de fer sous une main de velours; enfin, bref, vous me comprenez... et ce n'est pas une femmelette comme vous, ma chère Gabrielle, qui ferait mon affaire, voilà !...

GABRIELLE, vivement.

Capitaine David! (*Avec calme.*) Mais il est bien inutile de se fâcher contre un enfant comme vous... vous feriez bien mieux d'être assez poli pour rattraper mon peloton de laine rouge qui vient de rouler sous le fauteuil là-bas...

DAVID

Volontiers! (*Il cherche sous tous les meubles.*) Non! je ne veux pas d'une femmelette!... Et cette petite mais impérieuse Lucie Raymond était tout-à-fait mon affaire... Où diable est ce peloton? Ce que je désire, moi, c'est obéir; il y a trop longtemps que je commande!... Ah! mais! ce peloton est enragé! Ne tirez donc pas votre laine, mademoiselle Gabrielle!... Moi, j'obéirais à une femme solide, avec délices!... Oh! je crois que je l'ai, ce misérable peloton!... Voyons, ne tirez pas sur le fil... sac!... (*Il se jette sur le peloton.*) Peloton, halte!

GABRIELLE

Enfin, vous le tenez? Ce n'est pas malheureux!

DAVID

Le voilà. Et je vous disais que...

GABRIELLE, l'interrompant.

Pardon, capitaine; moi femmelette, je n'ordonne pas, je prie; voulez-vous me rendre un autre service maintenant?

DAVID

Vingt-deux, mademoiselle!

GABRIELLE, riant.

Eh bien, recevez de mes blanches mains ce magnifique écheveau de laine purpurine, et daignez m'aider à le dévider sans retard... (*Elle lui offre un écheveau volumineux.*)

DAVID, tendant les mains.

Oui, mais vous me laisserez achever mes doléances, mademoiselle?

GABRIELLE

Oui, mais vous serez bref? (*Elle lui arrange l'écheveau sur les doigts.*)

DAVID s'assied sur un tabouret, à ses genoux. Puis il se relève, et, en parlant, pivote sur lui-même. La laine s'enroule autour de lui.

Bref comme une carpe! Je vous disais que je veux être l'esclave de ma femme. Je sais que je suis trop disposé à prendre de la liberté, comme on prend du galon : eh bien, je veux être maîtrisé, bridé, tenu en laisse. Si je réplique, je veux qu'on dise : Halte-là! Si je proteste, je veux qu'on me crie : Silence dans les rangs! Ah! une femme comme celle que je rêve, qui me la donnera? Dans quel pays l'aller chercher? Avec une créature de ce calibre-là, plus moyen pour le flâneur de capitaine David d'aller dîner sans cesse avec des camarades, plus de cartes, plus de jacquet, plus de punch, plus de toute sorte d'autres choses!... Ah! par exemple, dans le premier moment, je me révolterai bien un peu, je regimberai, je renâclerai, je ferai feu des quatre pieds, tout ce que vous voudrez, mais je finirai toujours par obéir avec reconnaissance, avec amour, avec ivresse!

GABRIELLE

Capitaine! ne crispez pas ainsi vos mains... vous me faites faire de très-mauvaise besogne... vous embrouillez tous les fils...

DAVID

Il ne s'agit pas de dévider de la laine, Gabrielle! vous êtes ma meilleure amie : je peux bien vous dire tout ce que j'ai dans le cœur.

GABRIELLE

Hum!

DAVID

Encore un hum? vous êtes donc enrhumée ce matin?

GABRIELLE

Non... mais tenez mieux vos pouces; le fil vous échappe à chaque instant. Soyez donc complaisant. Faites comme si vous étiez auprès de Lucie et voulant la subjuguer par votre docilité.

DAVID

Oh! ne me parlez plus de cette péronnelle! Avec cela, sans me flatter, qu'elle en trouvera beaucoup et souvent des bons garçons comme moi, joueur, coureur, flâneur, viveur... mais honnête et sensible, mais tendre, mais sincère...

GABRIELLE, lui relevant vivement les mains.

Capitaine ! capitaine ! mon Dieu ! que vous auriez fait un mauvais Hercule au pied d'Omphale !

DAVID

Hercule !... En voilà un encore qui est mort trop tôt. Il aurait dû vivre assez pour débarrasser la terre... Tenez, entre autres, de ce petit monstre de Lucie.

GABRIELLE

Ah ! capitaine ! c'est assez de dépit ! vous avez assez maudit vos juges. Je vous prie de parler plus convenablement de ma chère Lucie ! Taisez-vous, s'il vous plaît, et relevez les pouces.

DAVID, grognon.

Non, je ne me tairai pas.

GABRIELLE

Je vous en supplie, taisez-vous !... Et tenez-vous mieux... Lucie a pu vous éconduire, mais elle n'en reste pas moins une fille charmante.

DAVID, en colère.

Eh bien ! non ! c'est une... bégueule !

GABRIELLE

Capitaine ! Silence dans les rangs ! Sabre d'azur !

DAVID

Tiens, vous avez très-bien dit cela. Bonne intonation.

GABRIELLE

Il ne s'agit pas de plaisanter. Relevez donc les bras, monsieur. Un autre jour, quand vous me ferez l'honneur de m'aider dans mes travaux d'aiguille, tâchez donc de ne plus revenir de chez les Raymond, afin d'être plus calme...

DAVID

Petite sotte !

GABRIELLE

Eh ! de qui parlez-vous ?

DAVID

De qui, parbleu ! de votre belle amie Lucie !

GABRIELLE

Ah ! capitaine, allez-vous digérer son refus en silence, à la fin ! Quand je parle, je veux être obéie, entendez-vous ? Je ne suis pas la sœur de votre commandant pour rien, je pense... (*Rudement.*) Relevez le pouce droit..

DAVID, il obéit.

Mais c'est que je commence à être fatigué, mademoiselle !

GABRIELLE

Bon ! vous en verrez bien d'autres, quand vous serez marié !

DAVID

Moi ?

GABRIELLE

Oui, vous ! (*Rudement.*) Relevez le pouce gauche.

DAVID

C'est possible ! Mais j'aurais dû lui dire son fait tout de suite, à cette gamine impertinente.

GABRIELLE

Ç'aurait été du joli, capitaine !

DAVID

C'est encore possible, mais... après tout, je ne me tiens pas pour battu. Non, mille cartouches, et je vais aller lui dire... (*Il se lève.*)

GABRIELLE, le forçant à se rasseoir.

Restez ici !

DAVID

Voyons, mademoiselle Gabrielle, un instant ! La laine est une chose sérieuse, mais l'honneur en est une autre aussi. Laissez-moi m'en aller. On s'est moqué de moi en somme ! On ne répond pas comme cela, par un éclat de rire, à un capitaine, décoré, deux fois blessé... Oui, c'est dit... je vais... (*Il se lève de nouveau.*)

GABRIELLE, le faisant tomber à genoux.

Silence dans les rangs !

DAVID

Oh ! mais dites donc, mon amie mademoiselle Gabrielle... vous le prenez sur un ton...

GABRIELLE

Je le prends sur le ton qui me plaît. Je vous défends d'aller insulter cette innocente enfant ! Elle a eu raison de refuser un brutal comme vous !

DAVID

Oh ! mais, mademoiselle Gabrielle !

GABRIELLE

Oh ! mais, monsieur le capitaine !

DAVID

Mais c'est que je ne suis pas votre mari, moi !

GABRIELLE

Non, vous ne l'êtes pas. Et j'en suis fort ennuyée !

DAVID

Et pourquoi cela ?

GABRIELLE

Parce qu'il y a cinq minutes au moins que vous auriez été corrigé solidement !

DAVID

Moi !

GABRIELLE

Oui, vous ! ne m'agacez pas les nerfs.

DAVID

Oh ! par exemple ! toutes les jeunes filles ont donc perdu la tête aujourd'hui ?

GABRIELLE

Toutes ! C'est dire que vous avez l'aplomb d'insinuer que je suis folle ! Et vous osez me dire cela, à moi, à la sœur du commandant Hazebrouck ?

DAVID

Mademoiselle, je n'ai jamais reculé d'une semelle et je suis franc ; je suis coureur, viveur, querelleur, flâneur, soit ! mais vous, vous êtes...

GABRIELLE, lui donnant un soufflet.

Silence dans les rangs !

DAVID

Un soufflet !

GABRIELLE

Une claque, oui !

SCÈNE SIXIÈME

LES MÊMES, GEORGES.

DAVID, se frottant la joue.

Bigre ! le commandant ! Je suis déshonoré.

GEORGES

Quel tapage vous faites ! Pas moyen de lire avec fruit le *Moniteur de l'armée*. Est-ce que vous vous battiez ?

DAVID

Oui, mon commandant. C'est-à-dire que c'est mademoiselle qui m'a battu ! J'ai reçu de sa main une caresse de la dernière gravité.

GEORGES

Tant mieux !

DAVID

Ah ! commandant !

GEORGES

Sans doute ! Tu voulais une femme qui te soumît, qui te domptât, qui te vainquît ; eh bien, tu as trouvé ce que tu désires... mon garçon. F A I T fait ! c'est fait !

DAVID

Dompté soit, mais je voulais ne l'être que légitimement... par ma femme, et mademoiselle Gabrielle n'est pas commissionnée pour cela !... et je suis déshonoré... mais je ne sortirai pas d'ici sans avoir obtenu une réparation.

GEORGES

Déshonoré! Et l'homme qui essaie de supplanter un ami de vingt ans dans le cœur d'une femme, celui qui forme le projet d'enlever la fiancée d'un camarade, n'est-il pas plus déshonoré encore que l'homme qui reçoit une petite claque de la petite main d'une petite fille, tonnerre... de printemps!

DAVID, gravement.

Oh! Georges! je suis flâneur, viveur, hâbleur, joueur, bambocheur, soit! mais je dis que l'homme dont tu parles est un misérable et un lâche...

GEORGES

Eh bien, cet homme-là, c'est toi!

DAVID

Moi!

GEORGES

Oui, tu as été demander la main de mademoiselle Lucie, ce matin, n'est-ce pas? Eh bien! depuis hier, le petit numéro 4 du père Raymond, comme tu l'appelles, c'est ma fiancée...

GABRIELLE

Oh! méchant frère!... c'était donc là le secret... et tu me l'as caché!... à moi!

DAVID

Oh! méchant Georges! Pourquoi as-tu gardé le silence avec moi?

GEORGES

Pourquoi as-tu gardé le silence aussi, toi, triple coupable ? Pourquoi ne m'as-tu pas avoué, absurde animal, que tu étais désespéré, que tu n'osais pas demander à ton vieux frère d'armes la main de sa petite sœur ? Pourquoi as-tu été assez bête pour penser que tu es pauvre, quand je suis riche ?... Allons, à genoux ! courbe-toi, fier Sicambre !... comme dit la chanson, ou l'histoire, je ne sais plus au juste... et adore ce que tu voulais... fuir.

DAVID, *aux genoux de Gabrielle.*

Ah ! mademoiselle ! Est-ce que vous pourrez oublier jamais...

GABRIELLE, *doucement.*

Silence dans les rangs !

DAVID

Non, je ne me tairai pas... je ne suis pas encore en puissance d'épouse... et je vous dis ceci, Gabrielle : « Voici mon autre joue ; accordez-moi un second soufflet, et la main avec... Oh ! je l'ai bien mérité ! »

GABRIELLE

Le soufflet, David ?

DAVID

Oui, le soufflet !... pour n'avoir pas su deviner que vous ne me détestiez pas... et que, depuis longtemps, vous daigniez...

GABRIELLE

Silence dans les rangs ! (*Elle lui tend la main.*)

GEORGES

F A I T fait ! c'est fait !... Ah ! je me sens si heureux que j'oublie de tousser, ma parole !

DAVID, il embrasse le commandant.

Mon frère!... C'est le colonel Verdière qui va être étonné! Il m'envoie au diable et je lui ramène un ange!

GEORGES

Allons, il est midi. A table! on pleurera au dessert!

La toile tombe.

LA FLEUR DE TLEMCEN

Comédie en un Acte

Tirée des *Deux Héritages* de P. Mérimée

Par M. ERNEST LEGOUVÉ

LA FLEUR DE TLEMCEN

Les choses les plus obscures ont parfois une biographie. Cette petite pièce en a une. Le nom de Mérimée, qui s'y trouve mêlé, y jettera peut-être quelque intérêt.

Il y a bien des années, les amis de Mérimée le pressaient beaucoup d'écrire pour le théâtre. « Vous avez, lui disaient-ils, toutes les qualités de l'auteur dramatique : invention des sujets, création des caractères, relief du dialogue, esprit, mots saisissants qui résument toute une situation; pourquoi ne pas appliquer tant de dons précieux à la composition d'une belle comédie? Il ne vous manque que de le vouloir. » — « Vous vous trompez, répondit Mérimée, avec cette sagacité calme qui le caractérisait; il me manque autre chose. » — « Quoi donc? » — « Le don de l'optique théâtrale, l'art de peindre les choses pour être vues de loin. La distance où l'on place un objet en change toutes les proportions. J'écris pour être lu, pour être lu lentement, je suis propre à faire du dramatique sur le papier; mais sur la scène... » — « *Sur la scène ? reprit en riant un de ses amis, mais dix de vos ouvrages y sont déjà montés* : Zampa, Haydée, les Huguenots, le Pré aux Clercs. » — « *Mauvais argument!... Ces pièces sont tirées de mes romans, soit! mais tirées par de véritables auteurs dramatiques, c'est-à-dire arrangées, dérangées, allongées, accourcies au point de vue de la scène. Soyez-en sûrs, il y a, dans la composition d'une œuvre théâtrale, des nécessités de concessions et de convenu, des grossissements ou des atténuations de la vérité, des conditions spéciales de ce qu'on appelle intérêt, enfin une science à la fois supérieure et inférieure, une science* de l'effet, *à laquelle je ne saurais ni atteindre ni m'astreindre. Au reste, ajouta-t-il, voyant l'air de doute de ses amis, il est facile de décider qui a raison, vous ou moi; je vais chercher un sujet propre au théâtre, je l'écrirai en vue du théâtre, et, la pièce finie, je vous la lirai.* »

Six mois plus tard, Mérimée réunissait dans son cabinet quelques amis et M. Provost de la Comédie française, et il leur lisait les Deux Héritages ou le Nouveau Don Quichotte, *comédie en trois actes.*

La lecture, souvent interrompue par les applaudissements du petit auditoire, s'acheva au milieu d'une approbation générale; mais Mérimée, coupant court aux compliments : « *Mes amis, leur dit-il, ce* n'est pas pour vous que j'ai lu cette pièce, ce n'est pas pour vous que je l'ai écrite, c'est pour M. Provost, c'est donc l'avis de M. Provost que je veux. Eh bien, Monsieur Provost, qu'en pensez-vous ? »

Provost hésita un moment, puis répondit : « Eh bien, je pense qu'il y a, dans cette pièce, énormément de talent et d'esprit, des caractères bien tracés, des scènes bien faites, mais... » — « Mais.., dit Mérimée en l'interrompant, qu'elle n'est pas propre à réussir au théâtre. » — « Je le crains, » reprit Provost. — « Je vous l'avais bien dit! » s'écria Mérimée presque triomphant. « C'est chose jugée! » *Et quinze jours après les* Deux Héritages *ou le* Nouveau Don Quichotte *paraissaient dans la* Revue des Deux-Mondes.

Chose étrange! le succès fut médiocre. La pièce passa inaperçue. La nouvelle forme cherchée par l'auteur l'avait-elle gêné dans le libre développement de ses dons naturels, je ne sais, mais l'ouvrage sembla obscur, peu intéressant, et bientôt il disparut de la mémoire de presque tous les lecteurs.

Il resta dans la mienne. Au milieu de ces trois actes confus et sentant l'effort, j'avais remarqué deux scènes vraiment charmantes : un jour donc, me trouvant à la campagne chez des amis qui voulaient jouer la comédie, je me rappelai ces deux scènes, je les tirai de la pièce, j'y ajoutai quelques mots d'exposition, un bout d'encadrement, et ce fragment, interprété devant un public choisi, obtint un succès complet : si complet que, revenu à Paris, je réorganisai cette représentation, et, pour premiers auditeurs, j'y conviai Mérimée, Provost et Régnier. Triomphe pour l'auteur et pour les acteurs! Je devrais dire pour les actrices, car les femmes y jouaient le principal rôle. Mérimée était radieux de se voir si finement et si spirituellement interprété. Surtout le personnage de la gouvernante anglaise le ravit. Il ne pouvait pas croire, lui qui possédait si admirablement l'anglais, que la jeune femme qui le représentait fût française. Tout le monde enfin de s'écrier : « Quel malheur qu'on ne voie pas ces trois scènes sur le théâtre! » — « Sans doute, disait Provost mais il faudrait pour cela y ajouter une véritable exposition, un nœud, un dénoûment, enfin en faire une pièce... » L'on en resta aux regrets.

Un an plus tard, Mlle Delaporte, partant pour Vichy et de là pour la Russie, me demanda fort instamment de vouloir bien lui écrire ou lui arranger une petite comédie à trois ou quatre personnages, qui lui fournît un rôle important de jeune première. J'avais déjà et j'ai toujours la plus vive sympathie pour le talent de Mlle Delaporte; c'est, selon moi, la plus fine comédienne de ce temps-ci; Bressant, qui a un goût si juste, l'avait surnommée une petite madame Allan ; *je crois qu'en effet, depuis la mort de l'artiste admirable dont le concours m'a été à moi personnellement si précieux, aucune femme n'a été plus vraie que Mlle Delaporte dans la gaieté et dans l'émotion.*

Je pensai donc immédiatement pour elle aux trois scènes des Deux Héritages, *et, à force de relire la comédie tout entière, d'étudier le rôle de la jeune fille, de songer au talent de l'artiste, il me sembla qu'on pouvait trouver la suite et le dénoûment de la pièce dans le développement de ce seul rôle ; qu'on pouvait compléter le personnage par le contraste, faire sortir naturellement de l'ingénue une petite héroïne, les ajouter l'une à autre, les fondre l'une dans l'autre, enfin nous montrer une de ces métamorphoses de caractère si fréquentes dans la vie, et si avantageuses au théâtre, où éclatent tout à coup, sur le même visage, l'émotion après le rire, et l'énergie après la grâce. Mon idée trouvée, le plan fut facile à faire ; l'exécution alla aussi vite que le plan, et je courus chez Mérimée pour lui lire le tout. Avant la lecture, nous causâmes un peu sur la pièce et sur le personnage. Il m'apprit là que le rôle n'était pas autre chose que le portrait d'une fort grande dame, qu'il me nomma, et que je ne nommerai pas, parce qu'il me l'a nommée. Je compris aussi, à de certaines réserves de sa part, qu'il y avait dans cette comédie* un sous-entendu qui n'était qu'un souvenir, souvenir pénible qui m'expliqua le manque de charme de l'ouvrage. Je ne dirai pas quel est ce sous-entendu, parce que je l'ai deviné et qu'il ne me l'a pas dit.

Après la conversation, vint la lecture, et voici les paroles de Mérimée : « Mon cher ami, c'est très-agréable, et Mlle Delaporte y aura beaucoup de succès, mais vous avez fait exactement le contraire de ce que j'imaginais. Si j'avais marié Julie, je lui aurais donné un amant au bout d'un an de mariage! Vous voyez bien, ajouta-t-il en riant, que je ne suis pas propre à écrire pour le théâtre. »

La Fleur de Tlemcen *fut une des plus heureuses créations de Mlle Delaporte en Russie. Je ne la publie pourtant pas sans une certaine crainte. Le voisinage de la prose de Mérimée n'est pas sans m'inquiéter un peu pour la mienne; mais les scènes que je lui ai prises sont si jolies, qu'on me pardonnera, j'espère, ce que j'ai mis de moi en faveur de ce que j'ai gardé de lui.*

PERSONNAGES

La marquise DE MONTRICHARD.
JULIE, sa fille.
Miss JACKSON, institutrice de Julie.
Le colonel DE SAQUEVILLE.
M. SÉVIN.

*La scène se passe dans une maison de campagne
aux environs de Paris,
chez la marquise de Montrichard.*

LA FLEUR DE TLEMCEN

SCÈNE PREMIÈRE

Le théâtre représente un salon élégant dans une maison de campagne.

LA MARQUISE, seule. Toilette de femme de quarante ans.

Le colonel de Saqueville revient !... Il revient aujourd'hui ! Je vais le revoir !... Lorsque, il y a dix ans, il partit pour l'Afrique, désespéré et me maudissant, il ne se doutait guère que ce cœur était plus déchiré que le sien. Mais je n'étais pas libre ; mon mari, le marquis de Montrichard, vivait encore... J'eus la force de cacher à M. de Saqueville jusqu'à mes regrets !... Mais aujourd'hui... aujourd'hui qu'il va me retrouver veuve... oh ! aujourd'hui... (*avec inquiétude et regret*) c'est dix ans plus tard ! Alors nous étions du même âge. Maintenant... il est encore jeune ; je ne le suis plus. L'âge des romans est passé pour moi ; surtout en ce moment, quand je vais marier ma fille à son neveu. Allons ! ne pensons plus qu'à être grand'-mère ! Étouffons sous ce bonnet ce qui reste de jeunesse sur mon visage !... Précipitons-nous dans les œuvres de bienfaisance et dans les livres utiles ! Quand une femme de quarante ans devient charitable... soyez sûr que cette charité-là, c'est encore de l'amour ! (*Apercevant M. Sévin, Julie et miss Jackson qui entrent.*) Ma fille ! M. Sévin !

SCÈNE DEUXIÈME

LA MÊME, JULIE, MISS JACKSON, M. SÉVIN.

M. SÉVIN

Madame la marquise, voici les derniers statuts de l'œuvre.

LA MARQUISE

Eh bien, en place, monsieur Sévin; j'écoute. (*Tout le monde s'assied. La marquise et M. Sévin à gauche; Julie et miss Jackson à droite travaillant.*)

M. SÉVIN, lisant.

« Art. 71. Toute pensionnaire de l'asile de Notre-Dame
« de Repentance qui manquerait deux fois à la prière du
« matin ou à celle du soir, qui troublerait l'ordre par des
« chants profanes, ou qui désobéirait à Mme la Supé-
« rieure ou aux dames protectrices, qui écrirait des lettres
« ou en recevrait de son séducteur...

LA MARQUISE, bas.

Passez, monsieur Sévin!

M. SÉVIN, bredouillant.

Brr., br... « Ou qui introduirait un roman dans la
« maison, sera chassée sur-le-champ, et déclarée indigne
« à jamais des bienfaits de l'association de Notre-Dame
« de Repentance...

LA MARQUISE

Bien! La dernière clause surtout; Julie, que dis-tu de cet article?

JULIE

Que voulez-vous, mère ?... Je serais chassée !

LA MARQUISE.

Fi donc ! Julie !

M. SÉVIN.

Comment, mademoiselle ! qu'est-ce que j'entends ?

MISS JACKSON, avec l'accent anglais.

Oh ! miss Julia !

JULIE

Je voudrais bien savoir quel si grand mal on trouve à lire des romans. Je n'ai jamais compris pourquoi.

LA MARQUISE.

Julie, ma fille, il ne faut jamais parler de ce qu'on ne connaît pas.

JULIE.

D'accord ; mais je puis bien parler de romans, puisque j'en ai lu... Et j'en lirai encore...

MISS JACKSON.

Oh ! oui, des romans anglais, ce qui est bien différent.

JULIE.

Anglais ou français... J'ai lu, par exemple...

LA MARQUISE, l'arrêtant.

Julie ! Monsieur Sévin, vous la connaissez trop pour croire un mot de ce qu'elle va dire.

M. SÉVIN.

Je suis bien sûr que Mlle Julie...

JULIE.

Monsieur Sévin! Monsieur Sévin! si vous dites un mot de plus, à la place de ce grimoire arabe que je copie sur ma tapisserie, je vais broder en bon français : J'ai lu de romans, et je signe Julie de Montrichard.

LA MARQUISE

Monsieur Sévin, ramassez mes ciseaux, s'il vous plait. (*Bas.*) Ne la poussez pas, je vous en supplie.

M. SÉVIN.

Cela ferait une tapisserie un peu romantique. (*Recommençant à lire.*) Je passe les derniers articles; c'est l'uniforme, le trousseau; vous avez réglé cela à merveille, Robe grise, voile blanc, tablier de toile écrue...

JULIE.

Oh! de la toile écrue, fi donc! Je demande des tabliers de levantine avec les poches garnies de rubans bleus.

LA MARQUISE.

Non, la toile écrue est bien. Cela est humble, cela est convenable pour ces pauvres créatures.

JULIE.

Elles auront l'air de Cendrillons. Donnez-leur alors des pantoufles vertes.

M. SÉVIN, lisant.

« Lecture faite des articles de la constitution, » car, Madame, c'est une vraie constitution, c'est une charte que vous octroyez à l'asile de Notre-Dame de Repentance; « les pensionnaires seront introduites et défileront devant Monseigneur et les dames bienfaitrices. »

JULIE.

Sur quel air? Je propose la marche de la Sémiramide, tra la la la. (*Elle chante.*)

M. SÉVIN.

En vérité, Mlle Julie a là une heureuse idée : un peu de musique ne gâterait rien! (*A la marquise.*) Si on chantait votre bel hymne : *Reine des cieux, ton trône de nuages.*

JULIE, allant à la marquise.

Mère, savez-vous ce qu'il faudrait pour finale? Une polka échevelée; monsieur Sévin, je voudrais vous voir polker!

LA MARQUISE.

Julie!

MISS JACKSON.

Oh! miss Julia!

LA MARQUISE.

Je ne conçois pas que ma fille se serve de pareils termes. (*A Julie.*) C'est sans doute pour vous entendre appeler folle par tout le monde.

JULIE.

Le grand malheur de passer pour folle! Ce n'est qu'à ce prix-là qu'on a la liberté de faire tout ce qu'on veut.

MISS JACKSON.

Oh! miss Julia!

LA MARQUISE, sérieuse.

Julie! vous me faites beaucoup de peine!

M. SÉVIN.

Non, Mademoiselle, on ne dira jamais : la folle Mlle Julie!... vous aurez beau faire, on dira toujours: l'aimable, l'espiègle Mlle Julie!

JULIE.

Vite! un notaire et des témoins! M. Sévin vient de me faire un compliment.

M. SÉVIN.

Qu'y a-t-il là de si extraordinaire?

LA MARQUISE.

Vous avez bien de la patience, monsieur Sévin. Mais, à propos, avez-vous quelque nouvelle de la candidature de mon futur gendre? Ce pauvre Louis de Saqueville tient tellement à la députation !...

JULIE.

Ce pauvre Louis de Saqueville! Vous le plaignez parce qu'il est mon fiancé. Vous n'avez peut-être pas tort!

LA MARQUISE.

Du reste, nous le saurons de lui-même, car je l'attends aujourd'hui avec son oncle, le colonel qui revient d'Afrique.

M. SÉVIN, riant.

Ah! oui, Don Quichotte, comme on l'avait surnommé.

JULIE, à sa mère.

Pourquoi Don Quichotte, mère?

LA MARQUISE.

Pour dix traits de courage héroïques, chevaleresques,

Un jour, il sauva son régiment en défendant seul contre une nuée d'Arabes une entrée de ravin.

M. SÉVIN, avec emphase.

Comme Horatius Coclès !

JULIE.

Ah ! bon Dieu ! Est-ce qu'il n'a plus qu'un œil ?...

LA MARQUISE, un peu sévèrement.

Non ! il en a été quitte pour six blessures.

JULIE.

Six blessures !...

LA MARQUISE.

Un autre jour, dans une retraite, le fils de la cantinière, un enfant de douze ans, aspirant trompette, tombe frappé d'une balle en s'écriant : « Ah ! maman ! » Le colonel l'entend, court à lui, le relève sous une pluie de balles, le met sur son cheval et le ramène à sa bonne femme de mère !

JULIE.

Et l'enfant a vécu ?

LA MARQUISE.

Oui ! mais le colonel a failli mourir, lui...

JULIE, vivement.

Il avait été blessé ?

M. SEVIN.

A telles enseignes, que quand ses soldats lui ôtèrent son uniforme, ils trouvèrent sur sa poitrine un médaillon avec des cheveux !...

LA MARQUISE.

C'était sans doute des cheveux de sa mère !...

JULIE.

Oh ! je suis bien sûre que non !

LA MARQUISE.

Julie !

MISS JACKSON.

Oh ! miss Julia !

JULIE.

Tiens ! voilà le coupé de M. Louis. Qu'est-ce donc que ce monsieur qui est à côté de lui ?

LA MARQUISE, avec émotion.

C'est sans doute son oncle qu'il nous amène !

M. SÉVIN.

M. Louis reste à causer avec le fermier...

JULIE

Un électeur... nous ne sommes pas prêts de le revoir.

M. SÉVIN, regardant au dehors.

Voici le colonel !

LA MARQUISE, très-troublée.

Déjà ! (*A part.*) Oh ! je n'ai pas le courage de le revoir encore ! (*A sa fille.*) Julie !... Miss Jackson ! veuillez recevoir le colonel à ma place... Voici l'heure de la poste, et j'ai vingt billets à écrire pour notre comité. (*Elle sort avec M. Sévin.*)

MISS JACKSON

Sit down, miss Julia !

SCÈNE TROISIÈME

JULIE, MISS JACKSON, LE COLONEL.

LE COLONEL, à la cantonade.

C'est bien dans ce salon, n'est-ce pas? Mille grâces, n'allez pas plus loin. (*A part, entrant en scène.*) Le cœur me bat. (*Parcourant la chambre du regard.*) Elle n'y est pas. (*S'approchant de Julie et de miss Jackson.*) Pardon, Mesdames, on m'avait dit que madame la marquise...

JULIE, tout en travaillant.

Madame la marquise était ici il y a cinq minutes; mais elle s'est enfuie en vous entendant annoncer, colonel.

LE COLONEL

Enfuie!

JULIE

Rassurez-vous. Pour mettre sans doute une autre coiffure en votre honneur...

LE COLONEL

Vous croyez?...

JULIE

Je l'espère!... Car, imaginez-vous qu'elle a la manie d'enfouir ses beaux cheveux sous le plus affreux bonnet!

LE COLONEL

Comment! elle met des bonnets!

JULIE

Je compte sur vous pour changer tout cela, colonel!

LE COLONEL, la regardant.

Moi!... Mais ne me trompé-je pas? Ce regard... cette voix...

JULIE

M. le colonel de Saqueville ne me reconnaissait pas?

LE COLONEL

Julie! mademoiselle Julie!... (*Avec émotion.*) En vous entendant, en vous regardant... ces dix mortelles années ont disparu tout à coup... Il semble que me voilà revenu à ce moment...

JULIE

Où vous m'emportiez dans vos bras à l'Opéra...

MISS JACKSON

Oh! miss Julia!... For shame!

JULIE

Calmez-vous, ma chère : j'avais huit ans... (*Présentant miss Jackson au colonel.*) Miss Jackson... mon institutrice... mon ange gardien... un ange bien occupé, allez!

LE COLONEL, la regardant avec affection.

Comment! voilà cette belle jeune fille qui va être ma nièce!... car il n'y a pas à dire... j'aurai le droit de vous dire : ma nièce.., et même de vous embrasser... n'en déplaise à monsieur mon neveu...

JULIE

Oh! votre neveu! savez-vous ce qu'il a de mieux... votre neveu?... c'est son oncle!

LE COLONEL

Allons! ne me gâtez pas!

JULIE

Vous m'avez tant gâtée, vous, quand j'étais enfant! Vous faisiez peur à tout le monde avec vos longues moustaches... Moi...

LE COLONEL, riant.

Vous, vous me les tiriez!...

JULIE

C'est pourtant vrai!... C'est que vous arriviez toujours les poches pleines de dragées... de poupées.., et comme j'étais déjà gourmande et coquette... Demandez à miss Jackson qui m'a formée.

MISS JACKSON

Oh! miss Julia!

JULIE

Vous rappelez-vous que c'est par votre intervention que je suis allée à l'Opéra... avant l'âge... légal?

LE COLONEL, riant.

Oui! et que vous vous êtes endormie avant la fin... et que je vous ai portée dans la voiture!

JULIE

Voyez comme j'étais précoce! Eh bien, je m'endors encore à l'Opéra; mais je n'ai plus de porteur patenté.

LE COLONEL

Et mon neveu?

JULIE

Colonel... regardez donc cette tapisserie... et admirez... N'est-ce-pas que j'ai acquis bien du talent?

LE COLONEL, regardant la tapisserie.

Un verset du Coran... Mais qui vous a envoyé ce dessin ?

JULIE

C'est ma mère qui l'a fait venir d'Alger.

LE COLONEL, avec émotion.

Vraiment ?

JULIE

Imaginez-vous que depuis... depuis deux ans... depuis la mort de mon pauvre père... tout ici est à la mode arabe ?

LE COLONEL, ému.

En vérité !

JULIE

Dessins arabes ! Etoffes arabes ! Vues arabes ! Je ne sais pas si c'est en votre honneur... mais nous vivons ici comme les filles du désert... n'est-ce pas, miss Jackson ?

MISS JACKSON

Oh ! miss Julia !

JULIE

Ne faites pas : Oh ! miss Julia ! Ce n'est pas shoking !... (*Au colonel.*) Voyons, colonel, puisque ma mère n'arrive pas encore, permettez-moi d'hériter d'elle, et asseyez-vous ici ! (*S'interrompant.*) Savez-vous une chose bizarre ?

LE COLONEL

Laquelle ?

JULIE

Vous me paraissiez bien plus vieux il y a dix ans qu'aujourd'hui.

LE COLONEL

Vraiment?

MISS JACKSON

C'est tout simple, ma chère! c'est que vous avez dix ans de *plous*.

JULIE, éclatant de rire.

Ha! ha! ha! Et lui... miss Jackson... Est-ce qu'il n'a pas aussi dix ans de *plous*?

MISS JACKSON

C'est juste!

JULIE, riant.

Je le crois! (*Sérieusement.*) Eh bien, c'est pourtant vrai. Il y a dix ans, vous me faisiez l'effet d'un ancêtre... de quelque chose comme d'un bon Dieu!

LE COLONEL

Et aujourd'hui, de quelque chose comme d'un bon diable!

JULIE, riant.

C'est cela, d'un bon diable qui fait des conquêtes, des razzias!... Colonel, avez-vous jamais été blessé?

LE COLONEL

Quelquefois, comme tout le monde!

JULIE

Et sans doute... dans des circonstances romanesques, touchantes...

LE COLONEL

Hélas! rien de plus prosaïque et de plus banal. Des

coups de sabre anonymes! Des balles qui se trompent d'adresse... un petit choc dans la poitrine... un petit froid en dedans... puis tout tourne autour de vous ! Voilà!

JULIE, après un silence.

Ah!... Colonel, jusqu'à quel âge entre-t-on dans les trompettes?

LE COLONEL, riant.

Vous avez passé cet âge-là... Ainsi, je n'ai pas besoin de vous répondre. Vous me dites donc que tout est à l'arabe dans cette maison?

JULIE, lui montrant un tableau accroché au mur.

Tenez! encore une vue d'Alger, que ma mère a achetée l'autre jour.

LE COLONEL

Elle a acheté une vue d'Alger!... (*Regardant et avec émotion.*) Cette petite maison blanche avec cette terrasse .. c'est là que j'ai logé en sortant de l'hôpital.

JULIE, vivement.

Oui! quand vous avez sauvé ce petit trompette...

LE COLONEL

Comment! vous savez?...

JULIE

Oui...

LE COLONEL

Eh bien, je vous le montrerai quand vous viendrez en Afrique, car je vous enlève avec madame votre mère.

JULIE

Je ne demande pas mieux. Vous nous ferez venir je ne

sais combien de tribus, qui nous apporteront des plumes d'autruche, des dattes, et qui nous feront des fantasias... Nous emmènerons M. Sévin.

LE COLONEL.

Qu'est-ce que M. Sévin?

JULIE

Le complice de ma mère dans toutes ses œuvres de charité... un homme très-pieux... la vertu est sa partie.

LE COLONEL

Ah!

JULIE

Un petit tartufe! il m'est odieux! Nous l'emmènerons pour sermonner les Arabes; votre neveu étudiera la question de la colonisation; vous et moi, nous irons raser un douar... et nous vendrons miss Jackson à Abd-el-Kader.

MISS JACKSON

Oh! miss Julia! My dear! for shame!

JULIE, éclatant de rire.

Ha! ha! ha!

SCÈNE QUATRIÈME

LES MÊMES, M. SÉVIN.

M. SÉVIN.

Colonel!...

Sévin, déjà nommé.

M. SÉVIN

Colonel, Mme la marquise a encore une lettre à terminer... et elle vous supplie de faire un tour de jardin en l'attendant.

LE COLONEL, blessé.

Ah!

JULIE, bas au colonel.

J'avais raison, n'est-ce pas? Odieux !

LE COLONEL.

Une lettre fort importante, à ce qu'il paraît... Très-bien!

JULIE.

Eh bien! colonel, je vous enlève... et je vais vous faire faire une promenade en bateau... dans une grenouillère que nous appelons un canal. Vous allez voir comme je suis bonne marinière !

MISS JACKSON.

Miss Julia, Mme la marquise a défendu à vous...

JULIE.

Vous savez bien, miss Jackson, que miss Julia se permet tout ce que Mme la marquise défend à elle!... Allons! qui m'aime me suive ! (*Chantant.*) O mattutini alberi... (*Elle sort en chantant avec le colonel.*)

MISS JACKSON, la suivant tout effarée.

Miss Julia! miss Julia! oh! my dear!... it is complete madness.

SCÈNE CINQUIÈME

M. SÉVIN, LA MARQUISE.

LA MARQUISE. Elle entre tenant des épreuves à la main.

(*A Sévin.*) Voilà mon épreuve presque corrigée.

M. SÉVIN.

J'espère que vous n'avez rien changé au chapitre des veuves....

LA MARQUISE, relisant.

Non! pas à celui-là... mais il y a ici... Laissez-moi un moment, je voudrais achever ce passage. (*Elle se dirige vers la table comme pour écrire.*)

M. SÉVIN.

Ne changez pas trop! (*Il sort.*)

SCÈNE SIXIÈME

LA MARQUISE seule, jetant ses épreuves avec dépit sur la table.

Eh! que me font les livres! les épreuves! J'ai beau relire ces pages, mon œil ne voit pas ce qui est écrit... ici!... (*Mettant la main sur son cœur.*) Il ne voit que ce qui est écrit là! J'ai peur!... Je fuis devant cette entrevue! Je n'ose affronter ce premier regard qui me dira tout. . mon âge... mon changement... son amour détruit, mes espérances renversées! Que je suis lâche! Je l'ai prié d'aller m'attendre dans le parc... pourquoi?... pour le voir passer devant ma fenêtre, sans qu'il me vît!...Je l'ai vu! Ces dix années ont aussi pesé sur sa tête et y ont laissé leur trace ! Sa démarche est moins impétueuse... sa physionomie est moins ardente... mais... mais j'aurais voulu lui trouver plus de cheveux gris !... A peine quelques fils blancs qui argentent ses tempes !... Il est vrai... que moi, je n'en ai pas du tout !... (*Avec résolution.*) Si j'essayais de me défendre ?... J'ai encore ma chevelure de vingt ans... Si je la chargeais de protéger, de parer ce visage... qui, hélas !... lui... je le crains bien, a l'âge de mon extrait de naissance... Eh bien, raison de plus pour appeler à mon aide... l'art... la parure !... Allons ! c'est résolu !... Et si je suis vaincue... Eh bien, je le serai... mais du moins je n'abandonnerai pas le bonheur sans combattre !

SCÈNE SEPTIÈME

LA MARQUISE, JULIE, MISS JACKSON.

MISS JACKSON, tout éperdue dans la coulisse.

Oh ! miss Julia ! oh ! my dear ! oh ! Mme la marquise ! comme elle sera fâchée quand elle saura !...

LA MARQUISE, s'avançant.

Qu'y a-t-il donc ?

MISS JACKSON.

Oh ! la voici ! Dieu ! Si vous vous étiez noyée !...

JULIE, riant.

Ha ! ha ! ha !

LA MARQUISE.

Noyée ! Qu'est-il donc arrivé ?...

JULIE

Rien! rien! chère mère!... je ne me suis fait aucun mal!... (*Riant.*) Il n'y a que le colonel qui est trempé!...

LA MARQUISE

Le colonel!

JULIE, riant.

Il avait l'air de Neptune, avec ses moustaches pendantes...

LA MARQUISE, avec impatience.

Mais qu'est-il arrivé enfin, malheureuse enfant?...

JULIE

Oh! c'est bien simple! Voilà, chère mère. Vous m'aviez donné le colonel à distraire... J'ai voulu lui faire faire une promenade en barque.

LA MARQUISE

Mais, vous savez bien que je vous ai défendu...

MISS JACKSON

Je l'ai dit, madame la marquise!

JULIE

Oh! je l'atteste! elle a fait son devoir! Mais nous voilà, malgré elle, lancés dans la barque... Vrai! ma mère, c'était un spectacle risible! Sur le bord, miss Jackson, effarée... éplorée... comme une poule qui a couvé un canard et qui le voit se lancer à l'eau! Dans la barque... M. Louis, M. de Saqueville junior... mon futur époux... tremblant de chavirer... et de mouiller ses gants jaunes... Le colonel tremblant aussi...

LA MARQUISE

Lui!

JULIE

Oui... oui... tremblant!... mais pour moi!... Et me disant : Mademoiselle... mademoiselle! ne vous tenez pas debout! — Par exemple! colonel! Eh! où serait la grâce? — Mademoiselle! mademoiselle! s'écrie alors M. de Saqueville junior... vous allez nous faire chavirer! — Ah que les hommes sont poltrons!... Et je m'amusais à faire vaciller la barque pour le faire plus pâlir encore !

LA MARQUISE

Mais...

JULIE

Attendez donc la fin! ma mère!... Tout à coup, je fais un mouvement si vif que la barque penche... Nous allons tomber! Que fait le colonel? Il se jette dans l'eau !

LA MARQUISE

Ciel !

JULIE

La barque, débarrassée de ce poids, se relève... et lui... semblable à un dieu marin... à un triton... oh! c'était charmant!... c'était mythologique!... il pousse en nageant... la barque jusqu'à la rive, où nous abordons sains et saufs... et rendant grâces à notre sauveur !

LA MARQUISE

Mais lui!... lui!...

JULIE, riant.

Il ruisselait sur la grève comme un fleuve !

LA MARQUISE

Mais qu'est-il devenu? Cela peut le rendre malade!

JULIE

Lui!... oh! ça lui est bien égal! Il ne voulait même pas suivre son neveu et M. Sévin... qui l'a emmené dans son appartement pour se sécher...

LA MARQUISE

Ah! vous me rassurez!

JULIE.

Ah! quelle idée! Je voudrais qu'il ne pût pas se sécher!... Nous lui donnerions le costume d'Othello de nos charades de l'année dernière!... ce serait délicieux!...

LA MARQUISE

Julie!

JULIE

Et si le curé venait!... on lui dirait que c'est un bédouin! Oh! d'abord, j'ai une fluxion de poitrine, si on ne lui donne pas le costume d'Othello!

LA MARQUISE

En vérité! vous devenez plus folle chaque jour!... au lieu d'envoyer au colonel un costume d'Othello, je vais lui faire porter du vin de Malaga... du rhum... du thé...

JULIE

Soyez tranquille!... chère mère! Il est chez M. Sévin qui ne se laisse jamais manquer de rien.

LA MARQUISE

Tenez! il y a des jours où l'on croirait que vous n'avez pas de cœur.

JULIE, devenant tout à coup sérieuse.

Moi! chère mère! (*Avec élan.*) Mais vous ne savez donc pas combien je vous aime!

LA MARQUISE, tendrement.

Voilà un mot qui me fait du bien. J'ai toujours si peur qu'on ne te juge mal! (*L'embrassant.*) Mon étourdie, je vais pourvoir à ce que tu aurais dû faire!... (*En s'éloignant, à part.*) Et me préparer pour ma grande bataille. (*Elle sort.*)

SCÈNE HUITIÈME

JULIE, MISS JACKSON

Miss Jackson prend son ouvrage et s'assied à gauche.

JULIE, à part.

L'Afrique! le désert! (*Chantant.*) « Mon bien-aimé d'amour s'enivre. » Est-ce comme cela?...

MISS JACKSON

Très-bien, miss Julia. Mais pourquoi toujours le désert? Un peu de Bellini, maintenant...

JULIE

J'aime cette voix qui meurt. Cela doit bien faire, la nuit, au bivouac, par un beau clair de lune.

MISS JACKSON, sentimentale.

Oui.... mais Bellini!

JULIE

Miss Jackson!

MISS JACKSON

Quoi, miss Julia ?

JULIE

Miss Jackson, avez-vous jamais été amoureuse de quelqu'un?...

MISS JACKSON

Oh! miss Julia! For shame!...

JULIE

Voyons, dites-le franchement! c'est impossible qu'avec des yeux si bleus vous n'ayez pas fait quelque passion. Avouez-le, vous avez été amoureuse de quelqu'un?

MISS JACKSON

Fi donc! Si madame la marquise vous entendait!

JULIE

Je voudrais savoir à quoi on reconnaît qu'on est amoureuse...

MISS JACKSON

Les symptômes de l'amour, Shakespeare les décrit ainsi : « Le pourpoint mal boutonné... pas de chapeau sur « la tête... les bas qui tombent sur les talons... »

JULIE

Ah! fi donc, miss Jackson! moi, quand je ferme les yeux, je vois de grands chameaux tout chamarrés d'or, des chevaux arabes qui piaffent, des coups de fusil, des ballots de cachemires hauts comme la maison, des tapis à ramages, et cent mille figures basanées qui crient : Vive madame la Maréchale!... Vive madame la Gouvernante!

MISS JACKSON

Oh! comment voyez-vous tant de choses?

JULIE

In the mind's eye, comme dit Hamlet à Horatio, par l'œil de la pensée. N'est-ce pas que ce doit être fort joli?...

MISS JACKSON

Oh! miss Julia, vraiment vous voudriez aller à Alger?

JULIE

Oui, ma belle! Savez-vous tirer les cartes?

MISS JACKSON

Non!

JULIE

Il faut que je voie une somnambule, pour savoir si j'irai à Alger.

MISS JACKSON

Vous irez avec M. Louis de Saqueville, voir son oncle à Alger.

JULIE

Oh! que je n'aimerais pas voyager dix lieues avec M. Louis de Saqueville!

MISS JACKSON

Oh! miss Julia! c'est un si aimable jeune homme!

JULIE

Pour ses électeurs... mais comme sa femme s'ennuiera!...

MISS JACKSON

Non, miss Julia ; vous ne vous ennuierez pas !

JULIE, étendant la main.

Non, je ne m'ennuierai pas, j'en fais le serment. Miss Jackson, sans bêtises, c'est que je suis amoureuse passionnée, miss Jackson. Si vous vous avisez de faire de grands yeux et d'ouvrir ainsi la bouche comme une boîte aux lettres, je fais des folies, j'envoie une déclaration en quatre pages à mon objet. M'en défiez-vous ?

MISS JACKSON

Oh ! miss Julia ! est-il possible ! Comment vous n'aimez plus M. Louis de Saqueville ? qui donc ?

JULIE

Qui donc ! qui donc ! c'est bien difficile à deviner. Allez-vous faire la bête maintenant ? Voyons, essayez de dire que l'oncle ne vaut pas mieux que le neveu. Essayez, pour voir, et je vous arrache les yeux... Dites, si vous l'osez, du mal de l'oncle. (*Elle la pince et lui tire le cheveux.*)

MISS JACKSON

Oh ! miss Julia, vous me faites mal avec vos *oncles*.

JULIE

Ah ! très-joli !... très-joli !... Miss Jackson a fait un calembour !... que je vous embrasse pour la peine, miss Jackson. C'est très-fort pour une insulaire, dans un âge si tendre... Mais d'abord je voudrais bien savoir ce que vous pourriez dire contre mon choix...

MISS JACKSON

Premièrement, vous êtes engagée.

JULIE

Secondement, je me dégage.

MISS JACKSON

Et puis, il a quarante-cinq ans.

JULIE

Il n'en paraît pas plus de quarante-quatre et demi. Je les aime comme cela. Après?... Il a une belle moustache que je lui ferai mettre en papillote, et il a les cheveux encore très-noirs... couleur solide.

MISS JACKSON

Mais bientôt il deviendra gris.

JULIE

Bientôt! Bientôt n'arrive jamais. Dans je ne sais combien de temps, il sera gris, l'année prochaine... après la saison... au moment de partir pour les eaux; qu'importe?... Nous allons à Alger. Il va être général. Grande entrée triomphale... on me donne des écharpes brodées, des chevaux arabes, des bracelets, et vous, je vous marie à un cheik.

MISS JACKSON

Un cheik!

JULIE

Oui, un cheik, et, si vous dites quelque chose, à un marabout! (*Lui présentant un châle.*) Mettez-moi cela en turban. (*Pendant que miss Jackson la coiffe.*) Puis viendra le moment d'entrer en campagne... Alors quelle séparation déchirante! J'attends les bulletins avec une impatience anxieuse, comme dit M. Sévin. Vous me lirez le *Moni-*

teur... Je serai couchée sur un divan, dans un petit salon tendu en satin blanc à fleurs, avec une bordure en versets du Coran. Là, je ne reçois pas un ennuyeux. Ma mère laissera son Sévin à la porte avec les parapluies... Arrangez donc mieux mon turban, un peu plus de côté... crânement, comme dit Marie de Roseville.

MISS JACKSON

Et puis un bulletin viendra, et on lira : « Le général a été *toué.* »

JULIE

Ah! bah! Comment voulez-vous que cela arrive! J'ai vraiment bon air avec ce turban. Est-ce qu'on est jamais veuve à vingt ans? Mais regardez-moi donc, et dites-moi si je n'étais pas née pour être la femme d'un pacha ou d'un général algérien!... En vérité, je ne veux plus porter que des turbans!

MISS JACKSON

Oh! miss Julia! C'est l'heure où M. Louis de Saqueville vient. Otez cela.

JULIE

Oh! miss Jackson!... Et si l'oncle allait venir sur son grand cheval de bataille! Ma foi! je saute en croupe et je galope avec lui! Au désert! au désert!.. J'entends quelqu'un.

MISS JACKSON, *regardant dehors.*

Oh! miss Julia! Eh mais, c'est lui-même! pour l'amour du ciel, ôtez ce turban!... Mon Dieu, que pensera-t-il?

(Le colonel entre.)

SCÈNE NEUVIÈME

LES MÊMES, LE COLONEL.

JULIE, allant à lui, et le saluant comiquement.

Salamalec!

LE COLONEL

Aleïkouum-Salam! Vous êtes charmante en ce costume! Madame votre mère n'est pas là?

JULIE

Vous voyez.

LE COLONEL

Elle ressemble à la Providence, montrant le bienfait et cachant la bienfaitrice. Elle m'a fait porter chez M. Sévin de quoi sauver dix noyés, et quand je la cherche... Mais où est-elle?

JULIE

Elle est dans sa chambre, qui corrige une épreuve avec M. Sévin. Résignez-vous, vous m'appartenez.

LE COLONEL

Je me résigne sans difficulté, car je viens surtout pour vous voir et pour vous parler... mais que faisiez-vous donc? Vous jouiez des charades avec miss Jackson?

JULIE

Demandez-lui ce que nous faisions et ce que nous disions.

MISS JACKSON, bas.

For shame!

LE COLONEL

Je crains d'arriver en trouble-fête. Il faut pourtant que vous m'accordiez cinq minutes d'audience, car j'ai à vous parler... et très-sérieusement.

JULIE

En effet, je vous trouve la mine que vous devez avoir un jour de razzia. Miss Jackson, faites-moi l'amitié d'aller à votre place et de broder cela lestement... Prenez un siége, Cinna.

LE COLONEL

Je regrette d'être si vieux, quand je vois la gaieté de votre âge. Dites-moi, vous avez vu Louis, hier?

JULIE, avec distraction.

Si je l'ai vu hier... attendez...

LE COLONEL

Comment! vous ne savez pas?

JULIE

Ah! oui... je me rappelle... il avait son cheval bai qui porte si mal les oreilles.

LE COLONEL

De quoi avez-vous parlé?

JULIE

Mais c'est donc un interrogatoire en forme?

LE COLONEL

Vous avez causé ensemble?

JULIE

Probablement. Mais de quoi?... Je l'ai oublié... Ah! d'élections, sans doute.

LE COLONEL

Il a tort d'en parler à d'autres qu'à ses électeurs; mais je crains que vous ne l'ayez peut-être un peu querellé.

JULIE

Moi, le quereller! oh! mon Dieu, non. Une querelle avec lui! Je n'aurai jamais de querelles qu'avec une personne... pour qui... tenez, j'en aurais peut-être avec vous...

LE COLONEL

Oh! j'espère bien ne jamais mériter votre courroux. Écoutez-moi, ma chère enfant... Vous me permettez de vous appeler ainsi?... Nous autres hommes, nous accusons les femmes d'exigences et de susceptibilité... et nous sommes cent fois plus exigeants et susceptibles qu'elles. C'est que, pour un homme, c'est une peine... bien cruelle, voyez-vous... d'aimer, de nourrir une affection que nous sentons n'être pas partagée... il n'y a pas au monde de plus grand malheur. Vous traitez mal mon pauvre Louis.

JULIE

Comment cela?

LE COLONEL

Je m'en aperçois moi-même... Vous n'avez pas pour lui...

JULIE

Que faut-il donc que j'aie?

LE COLONEL

Tout ceci est bien délicat à dire... mais vous excuserez

l'indiscrétion d'un homme qui a vécu si longtemps parmi les sauvages... Vous ne paraissez pas avoir pour lui l'affection à laquelle peut prétendre la personne qui vous est destinée.

JULIE

Il trouve que je manque d'affection?

LE COLONEL

Il s'en désole et s'en irrite, au lieu de chercher à la gagner, cette affection... Voyons, ma chère Julie... parlez-moi à cœur ouvert... A mon âge, vous pouvez me dire bien des choses... Quoique vieux, j'aime la jeunesse... Eh bien, que vous n'aimiez pas Louis... cela peut tenir à deux causes... ou vous n'aimez encore personne... c'est cela, sans doute... vous êtes si jeune... et votre éducation...

JULIE

En effet, on nous défendait cela au couvent... et de nous manger les ongles.

LE COLONEL

Vous dites cela singulièrement... Regardez-moi : je suis un peu physionomiste... Au travers de ce joli sourire, je vois une petite moue qui m'effraie... Après tout, un attachement ne se commande pas... Vous avez peut-être cru trouver ailleurs ce qui manque à Louis... cette vivacité expansive, cet enthousiasme qu'à votre âge on croit la preuve d'une affection véritable... (*Elle fait un signe de tête affirmatif.*) Je le craignais! Écoutez-moi, vous êtes bien jeune, bien jolie... sans expérience... Voilà de grandes chances pour mal placer son affection; mais n'avez-vous pas près de vous une bonne mère qui vous aime, qui ne vit que pour vous!

JULIE

C'est ma meilleure amie.

LE COLONEL

C'est elle qué vous devez consulter.

JULIE

C'est qu'elle corrige ses épreuves.

LE COLONEL, après un silence.

Ah!... ainsi vous aimez... Et, ce n'est pas le pauvre Louis que... Je ne vous en parlerai plus... Je ne pense maintenant qu'à vous seule... Au moins, celui que vous aimez, êtes-vous sûre qu'il soit digne de vous?

JULIE, avec force.

Oui!

LE COLONEL

On croit toujours ce qu'on désire. Regardez dans votre glace... cette jolie tête rose et blanche... Demandez-vous si tant de grâce... si ce petit cœur si noble, doivent appartenir à un fat!

JULIE

Non, jamais!

LE COLONEL

Votre accent me rassure. Je crois qu'il est digne de vous... Votre mère sait-elle que vous l'aimez?

JULIE

Non! elle corrige...

LE COLONEL

Ah! laissez cette plaisanterie... Nous parlons, hélas!

du bonheur ou du malheur de toute votre vie, ma chère enfant... Je tremble, quand je pense qu'un homme peut ensorceler une pauvre jeune fille, parce qu'il danse bien.

JULIE, gaiement.

Oh! pour cela, je parie qu'il danse fort mal.

LE COLONEL

Tant mieux, si c'est d'après des qualités plus recommandables que vous le jugez; mais pourquoi ne parle-t-il pas à madame votre mère?

JULIE

Ah! c'est que je ne sais pas trop s'il pense à moi.

LE COLONEL

S'il pense à vous?... Ah! Julie! Julie!... Voilà un roman comme on en fait à vingt ans. Vous aimez un inconnu qui vous aura sauvée de quelque danger au clair de la lune.

JULIE

Peut-être!

LE COLONEL

Folies, mon enfant, déplorables folies! La contredanse valait mille fois mieux... Comment! il ne sait pas que vous l'aimez? Mais c'est donc un imbécile?

JULIE, riant.

Oui... ou bien peut-être il ne se rend pas justice.

LE COLONEL

Vous n'avez pas le sens commun, ma pauvre enfant; mais vous voilà toute sérieuse, vous changez de couleur;

est-ce une larme que je vois dans ces grands yeux?...
Pauvre jeunesse! pauvre jeunesse! Que de chagrins elle
se prépare avec un seul moment d'étourderie... Enfin, ce
bel inconnu...

MISS JACKSON, se levant avec inquiétude.

Miss Julia, Mme la marquise doit avoir fini. Je vais la
prévenir que le colonel est ici...

JULIE

Non, je vais la prévenir moi-même... Dites-moi, colonel, en Algérie... les femmes sont voilées, c'est comme
si les hommes étaient aveugles... Comment une femme
s'y prend-elle pour faire une déclaration?

LE COLONEL

Mais vous pensez bien que je n'en ai guère reçu.

JULIE

Mais d'autres plus heureux que vous... moins
humbles...

LE COLONEL

Vous me rappelez une assez ridicule histoire... J'entrais
à Tlemcen, j'avais à côté de moi mon adjudant-major,
brave officier, beau comme un ange. Dans la grande rue,
une femme voilée prend la bride de son cheval et lui jette
un bouquet dans le pli de son burnous...

(*Julie lui jette son bouquet et sort en se cachant la
figure.*)

LE COLONEL.

Ah! (*A miss Jackson.*) Mademoiselle, veuillez dire à
Mme la marquise que je repars pour l'Afrique.

(Il sort par le fond en tournant à droite. M. Sévin paraît du côté gauche
et suit des yeux le colonel qui s'éloigne.)

SCÈNE DIXIÈME

MISS JACKSON, M. SÉVIN.

MISS JACKSON, sur le devant de la scène, tout éperdue.

Good heavens... I have... jamais...

M. SÉVIN

Eh ! qu'a donc le colonel, pour sortir ainsi tout éperdu, sans voir personne ?

MISS JACKSON

Oh ! mister Sévin !... si vous !... If you... I don't know... quand je pense... oh ! My Lord !... une jeune fille !

M. SÉVIN, riant.

Hé, bon Dieu !... Miss Jackson, qu'avez-vous donc aussi ?... vous parlez anglais et français...

MISS JACKSON

Oh ! silence !... Mme la marquise !

SCÈNE ONZIÈME

LES MÊMES, LA MARQUISE.

(Elle entre par le côté opposé à celui où est sortie Julie. Elle est coiffée en cheveux avec des rubans et porte une toilette élégante.)

LA MARQUISE, à Sévin.

Mon cher monsieur Sévin, veuillez rejoindre le colonel

et lui dire que je veux absolument lui parler avant son départ.

M. SÉVIN

J'y cours, madame la marquise. (*Il sort.*)

LA MARQUISE

Miss Jackson, si vous trouvez Julie, veuillez me l'envoyer.

MISS JACKSON

Yes, madame la marquise. (*Elle sort.*)

SCÈNE DOUZIÈME

LA MARQUISE, seule; elle va à l'endroit où la fleur jetée par Julie est tombée, la ramasse et après un moment de silence :

L'aime-t-elle ? Est-ce une simple gaieté de cette folle tête?... Les jeunes filles sont si enfants!... celle-là surtout! Est-ce explosion subite de son âme? Il y a tant de mystères dans les cœurs de vingt ans!... Lui jeter cette fleur comme dénoûment à son récit... Et lui! lui! ne pas même la ramasser... et s'enfuir!... s'enfuir? Pourquoi? Est-ce elle qu'il fuit? Pourquoi?... Est-ce moi qu'il redoute? Mille sentiments se combattent en moi! La jalousie d'abord... oui, je suis jalouse qu'elle l'aime! La joie! Je suis heureuse qu'il ait dédaigné cette fleur! La douleur maternelle!... Si cette enfant souffre, si elle doit souffrir... Pas de bonheur possible pour moi! m'aimât-il encore, lui!... Si elle l'aime... je ne peux pas lui donner pour beau-père celui qu'elle aime!... oh! à tout prix, il faut sortir de cette anxiété!... La voici!... Interrogeons-la !

SCÈNE TREIZIÈME

LA MARQUISE, JULIE.

JULIE, entrant gaiement.

Vous me demandez, mère! (*Apercevant la toilette de sa mère.*) Oh! que vous êtes jolie ainsi!

LA MARQUISE, vivement.

Tu trouves?

JULIE

A la bonne heure! Voilà comme je vous aime!... vous êtes plus jeune de dix ans!... oh! les beaux cheveux!

LA MARQUISE, émue.

Vraiment?

JULIE

Oh! mais!... un moment!... si vous continuez ainsi... vous allez être plus jolie que nous toutes... Je vous défends... (*Apercevant aux mains de la marquise sa fleur, à part, avec un geste de trouble.*) Ma fleur!

LA MARQUISE

Qu'as-tu donc? Tu sembles troublée...

JULIE

Moi!

LA MARQUISE

Oui... on dirait que c'est la vue de cette fleur...

JULIE

De cette fleur!

LA MARQUISE

Oui!... ne te semble-t-elle pas très-jolie?

JULIE

Certainement... très-jolie!... Dites-moi donc, mère?... Est-ce que le colonel n'était pas ici?...

LA MARQUISE

Quand je suis entrée?... En effet...

JULIE

Ah!... vous a-t-il parlé?

LA MARQUISE

Parlé... de quoi?

JULIE

Que sais-je!... de son neveu... peut-être? c'est lui qui vous a donné cette fleur?...

LA MARQUISE

Non! Je l'ai trouvée là... par terre...

JULIE, vivement.

Par terre!... (*A part*.) Il ne l'a pas même ramassée!

LA MARQUISE

Ah! çà, mais qu'as-tu donc avec cette fleur? Elle t'intéresse donc beaucoup?

JULIE, éclatant de rire.

Ha! ha! ha! Tout est possible!... Les hommes sont si fats!

LA MARQUISE

Que veux-tu dire?

JULIE

Que je vois bien que vous savez tout !... Le colonel vous a tout conté... et à votre air sévère... à votre physionomie de mère grondeuse... je vois bien que vous croyez que votre fille... (*Riant de nouveau.*) Est-ce qu'il n'a pas compris par hasard ?...

LA MARQUISE

Compris? quoi?

JULIE

Que je faisais de la couleur locale... que je jouais une comédie algérienne?

LA MARQUISE

Mais!

JULIE, riant plus fort.

Est-ce qu'il aurait pris mon bouquet jeté pour une déclaration?... ha! ha! Je le voudrais bien!... ha! ha! ha!... (*S'interrompant tout à coup de rire.*) Eh bien, au fait... je ne suis pas née pour mentir!... Je le lui ai jeté parce que je l'aime...

LA MARQUISE

Tu l'aimes!

JULIE

Oui!

LA MARQUISE

A son âge!...

JULIE

Les héros n'ont pas d'âge!

LA MARQUISE

Un homme que tu ne connaissais pas hier !

JULIE

Il y a des âmes qu'on connaît en une heure, comme il y en a qu'on ne connaît pas en dix ans !

LA MARQUISE

Tu es folle !

JULIE

Folle !... folle !... de tête ? soit ; d'imagination ?... oui... mais de cœur ? non ! car ce cœur, je le tiens de vous, et il est ferme et sérieux comme le vôtre... (*Mouvement de la marquise.*) Ce langage vous étonne dans ma bouche... il m'étonne moi-même !... Il me semble que tout ce que je vous dis naît en mon âme à mesure que je l'exprime... Et pourtant... c'est mon âme même !... oui, dans cette petite fille fantasque, capricieuse, extravagante, il y a une femme !

LA MARQUISE

Une femme qui prétend aimer un inconnu.

JULIE

Je le connais depuis plus de trois ans, car voilà trois ans que je l'attends...

LA MARQUISE

Tu l'attends !

JULIE

Oui, je l'ai pressenti... deviné, au dédain irrité que m'inspirent tous les jeunes gens qui nous entourent !... Si vous saviez quelle colère sourde j'éprouve à la vue de ces petits porte-cigares si bien pommadés, de ces petites moustaches si bien cirées, de ces petites mains si bien gantées, et de ces petits cœurs si mal placés !... Votre Sévin si hypocrite !... M. Louis de Saqueville si peureux !... Vous n'étiez pas là tout à l'heure avec nous dans ce bateau !... Si vous l'aviez vu... tout blême... se cramponnant ridiculement aux bords de cette barque, se laissant faire peur par une petite fille, osant avoir peur près de la femme qu'il aime !... mais lui ! lui ! voilà un cœur ! Je ne parle pas de son courage... ce n'est pas du courage pour lui que de se jeter à la nage pour sauver une femme !... mais avec quelle présence d'esprit il a sauté hors du bateau pour le relever ! avec quelle grâce énergique et souple il poussait cette frêle embarcation au rivage ! Et tout à l'heure... là... en me parlant de son neveu, quel regard affectueux et bon ! Comme cette voix, habituée au commandement, savait se faire douce et tendre... Je me trompe, s'adoucissait naturellement pour parler à une jeune fille... Il avait presque des larmes dans les yeux !... Je suis sûre qu'il a aimé ! ce que j'appelle aimé ! Je suis même sûre qu'il a souffert ! oui !... je sentais en lui je ne sais quelle tristesse cachée, quel souvenir douloureux qui m'attache encore à lui ! (*Avec tendresse.*) Il doit être si doux de consoler un grand cœur !.. Et je crois que je le consolerais si bien !... Je vois clair en moi-même, ô ma mère !... Mon premier besoin est d'être fière de l'homme dont je prendrai le nom ! Il faut que je ne puisse pas prononcer ce nom sans respect ! Il faut que quand mon mari sera absent, je puisse penser à ce qu'il a fait de bien et de beau ! Il faut que, quand je sortirai avec lui, je voie les regards me suivre avec envie... Je suis orgueilleuse ! je ne puis épouser qu'un homme supérieur... de quel droit, et à quel titre, je ne le sais... mais je ne peux pas aimer moins !...

LA MARQUISE, après un silence.

Mais si... lui..., il ne t'aimait pas ?

JULIE

C'est impossible !...

LA MARQUISE

Impossible !... et ce bouquet... qu'il n'a pas même ramassé !

JULIE, suffoquée de douleur.

Ce bouquet ? mon bouquet !... oh !... malheureuse !... J'avais tout oublié ! (*Avec énergie.*) Eh bien, je veux le savoir ! ce bouquet laissé... ne dit peut-être rien !... un fat s'en fût vanté, un sot en aurait ri !... un honnête homme peut feindre de n'avoir pas compris ! Je suis plus jeune que lui, plus riche que lui... ce dédain apparent n'est peut-être que de la délicatesse... en tous cas, dédain ou réserve, je veux le savoir !... Je veux que vous lui offriez ma main de ma part... et s'il la refuse, je sais ce qui me reste à faire !... (*La marquise sonne.*) Que faites-vous !

(Une femme de chambre paraît.)

LA MARQUISE

Veuillez me donner mon bonnet et mon mantelet que j'ai laissés là... dans ma chambre.

JULIE

Comment, mère, vous allez remettre ce bonnet que je déteste !

LA MARQUISE, souriant.

Oui ! Oh ! l'on veut en vain échapper à son âge ! En

t'écoutant... l'émotion.. le trouble... je sens le froid qui me gagne.

(La femme de chambre rentre. La marquise met son bonnet et s'enveloppe de son manteau. A ce moment le colonel rentre.)

SCÈNE QUATORZIÈME

LA MARQUISE, LE COLONEL, JULIE.

JULIE, à sa mère.

Lui !...

LA MARQUISE, au colonel.

Merci d'être venu, colonel !

(Le colonel en la revoyant fait un geste de surprise.)

LA MARQUISE, souriant.

Allons ! je vois avec plaisir que vous n'êtes pas changé... toujours la même franchise !

LE COLONEL

Comment, madame !

LA MARQUISE

Oui !... en me revoyant... vous n'avez pu retenir un geste, un regard... de surprise... de me trouver si... si vieillie...

LE COLONEL

Moi ! madame !

LA MARQUISE, se retournant vers sa fille, et la montrant.

Heureusement... me voilà... à vingt ans... telle que vous m'avez connue !... Elle me ressemble... n'est-ce pas ?

LE COLONEL

En effet!...

LA MARQUISE, lui tendant la fleur.

Prouvez-le moi!... en recevant cette fleur de ma main!

LE COLONEL

Comment, madame!...

LA MARQUISE

Merci!

JULIE, se précipitant sur la main de sa mère.

Ma mère!...

LA MARQUISE, la regardant.

Pauvre enfant!... quelle joie!... allons!... c'est moins dur que je ne croyais.

La toile tombe.

AVANT LE BAL

Comédie en un Acte

Par M. PROSPER CHAZEL

PERSONNAGES

MONSIEUR.
MADAME.

AVANT LE BAL

SCÈNE PREMIÈRE

MADAME, seule sur le pas de la porte et parlant à la cantonade.

Au revoir, chère madame!... A bientôt! (*Remontant la scène et se parlant à elle-même.*) A bientôt?... Pourquoi pas le plus tard possible?... Cette chère amie avec ses idées me trouble singulièrement l'esprit... Ne dirait-on pas que la vue de mon bonheur l'irrite?... Et pourtant il y a du vrai dans tout ce qu'elle m'a débité!... Qu'est-ce qu'un mariage sans amour, et comment un mari peut-il prouver qu'il aime sa femme, sinon en lui faisant des concessions... des sacrifices?... Il est vrai que, depuis trois mois que nous sommes mariés, le mien ne m'a rien refusé... Mais c'est qu'aussi je ne lui ai jamais rien demandé!... Et madame de Châtenay prétend que le jour où je m'aviserais de faire mes volontés, le charme serait rompu!... Elle ne connaît pas André, elle le calomnie... Et la preuve, oui, la preuve, je l'aurai quand je voudrai!... (*On entend un bruit de pas dans la chambre voisine. Elle s'interrompt pour prêter l'oreille.*) Le voici. Si pourtant elle disait vrai!... s'il allait me répondre par un refus! Je voudrais bien l'y voir!... (*Nouvelle interruption.*) Allons! coûte que coûte, nous essaierons, il le faut.

(*Riant.*) Et que le Dieu des armées protége la bonne cause ?

(On frappe à la porte.)

Entrez !

SCÈNE DEUXIÈME

MONSIEUR, passant sa tête à travers l'entre-bâillement de la porte.

Peut-on entrer ?

MADAME

Mais certainement, mon ami ; je suis seule, comme vous voyez...

MONSIEUR, entrant.

C'est qu'il m'avait semblé tout à l'heure entendre un bruit de voix... N'est-ce point madame de Châtenay qui sort d'ici ?...

MADAME

Elle-même...

MONSIEUR

Et la voilà partie... pour de bon ?

MADAME

Sans doute, mais vous la reverrez ce soir chez madame de Blerville...

MONSIEUR

Ah ! vraiment !...

MADAME, souriant.

Un soupir ?...

MONSIEUR

Mais non... je l'aime infiniment, cette chère madame de Châtenay, infiniment !... Et vous ?...

MADAME, riant.

Comme vous dites cela !... Voyons... avouez que vous ne pouvez pas la souffrir ?...

MONSIEUR

J'avouerai tout ce que vous voudrez... Et tenez ! je parie qu'elle a dû vous dire du mal de moi ?...

MADAME

Non, monsieur, elle ne vous a pas fait cet honneur. (*Changeant de ton.*) C'est vrai qu'elle a des défauts, cette chère madame de Châtenay, mais qui n'en a pas par le temps qui court ?... Est-ce bien à vous de vous montrer aussi sévère ?

MONSIEUR

Qui n'en a pas ? Mais nous deux, ma chère amie, nous-mêmes. Nous faisons de la sorte une exception d'autant plus charmante qu'elle est unique... Chut ! n'allez pas me contredire... je ne vous croirais pas !

MADAME

Soyez tranquille ! j'accepte parfaitement en ce qui me concerne... quant à vous...

MONSIEUR, riant.

Parlez vite... je meurs d'inquiétude...

MADAME

Quant à vous, la chose n'est peut-être pas aussi certaine... (*Vivement.*) N'avez-vous pas fumé, tout à l'heure ?...

MONSIEUR

Quoi ! voilà donc ce grand mystère !... Vrai, on ne parle pas ainsi sans crier gare... Certainement que je fume... je fume même très-peu, mais enfin je fume ! Vous voyez que le coupable ne ménage pas les aveux...

MADAME

Riez !... riez toujours !... Est-ce un vice cela, oui ou non?

MONSIEUR

Comme il s'agit de moi, je dirai simplement que c'est une habitude...

MADAME

Et comment appelle-t-on les habitudes dont on ne parvient pas à se défaire ?...

MONSIEUR

Fi ! le méchant avocat ! Si je refusais de répondre ?...

MADAME, lui désignant du doigt un tabouret à ses pieds.

Asseyez-vous là d'abord. C'est cela ; maintenant écoutez-moi.

MONSIEUR

J'écoute... mais vous savez qu'il est permis de dormir au prêche...

MADAME, avec abandon.

Voyez-vous, mon ami, ces habitudes-là sont de la famille du lierre... on n'y prend pas garde tout d'abord... on les laisse pousser leurs premiers rameaux... On se flatte d'en devenir maître à l'heure voulue. En attendant, ces affreux rameaux poussent à qui mieux mieux et grimpent sans se faire prier. Un beau jour, ce sont eux qui deviennent les maîtres. On voudrait bien lutter alors; (*solennellement*) mais il est trop tard!... Comprenez-vous?...

MONSIEUR

Certainement. On appelle même cela une allégorie en termes de rhétorique... Maintenant, je demande la conclusion...

MADAME, joignant les mains.

Promettez-moi de ne jamais fumer la pipe !

MONSIEUR, solennellement.

Je le jure! mais franchement...

MADAME

Ni le cigare...

MONSIEUR

Je le jure !

MADAME, après une pause.

Ni la cigarette, mon ami.

MONSIEUR, se levant tout d'une pièce.

Rien du tout, alors... Ah! mais non !... Ce n'est pas de jeu, cela.

MADAME, s'approchant de lui.

Si vous saviez quelle peine me causerait un refus!... Ce serait le premier et le dernier aussi sans doute, car il me semble qu'après cela je n'oserais plus m'adresser à vous.....

MONSIEUR. Il la regarde un instant et se prend à sourire.

En vérité vous êtes charmante ainsi... Savez-vous que vous parlez très-bien...

MADAME

Je n'en doute pas... Est-ce dit?

MONSIEUR

(Il sort de sa poche sa boîte à tabac et son papier à cigarettes, les dépose sur la table, s'assied, et montrant du doigt le fauteuil opposé.)

Mettez-vous là. — Voici les instruments du crime... les pièces à conviction... Vous ferez le ministère public et moi la défense. Nous plaiderons comme cela une heure ou deux, et je vous proposerai ensuite de remettre la cause à huitaine...

MADAME, d'un ton piqué.

Je vois bien que votre parti est pris... c'est un refus, il n'y a pas à en douter!...

MONSIEUR

De quel ton me dites-vous cela!... La chose est donc sérieuse?... Et vous croyez que j'irais vous taquiner pour une misère de ce genre?...

MADAME

Ah! c'est bien cela... c'est noble, c'est grand!

MONSIEUR

(A part.) Nous verrons bien. (Haut.) Seulement vous me permettrez de vous proposer en échange un petit compromis... C'est le moyen usité aujourd'hui pour sortir des situations difficiles...

MADAME

Voyons le compromis...

MONSIEUR

Je ne vous demande qu'une cigarette, le matin, avant

le déjeuner... Sincèrement, il n'y a rien de tel qu'une cigarette pour ouvrir l'appétit.....

MADAME

Et rien de tel pour le couper aussi, sans doute... Non, non, tout ou rien! Les grandes passions comme la vôtre se domptent tout d'un coup... Est-ce dit?

MONSIEUR

Nous verrons cela tout à l'heure; à votre tour maintenant de m'écouter.....

MADAME, riant.

Sera-ce long?...

MONSIEUR

Vous raillez, donc vous avez peur. Je continue. Figurez-vous donc que quinze jours avant notre mariage, je me trouvais avec un de mes plus chers amis, Raoul d'Herford...

MADAME

Un Anglais?

MONSIEUR

Non pas : un vrai Français du boulevard. Vous le verrez ce soir d'ailleurs. Il est revenu d'Italie, ce matin, et, en sa qualité de petit cousin de madame de Blerville, il ne pourra manquer d'assister à son bal. Naturellement je lui fis votre portrait; je me répandis en protestations attendries; je lui parlai du contrat, de la corbeille, de ma belle-mère... De quoi ne lui ai-je point parlé? Bref, Raoul me laissa dire et ne répondit pas un mot.

MADAME

Je le déteste, votre ami !

MONSIEUR

Oh! vous allez voir!... Je ne me tins pas pour battu: « Tu vas me faire le plaisir, lui dis-je, de me donner ton opinion; sinon, je te considère comme un traître et comme un faux ami... »

MADAME

Bien parlé cela !

MONSIEUR

Raoul n'hésita plus. Il s'assit auprès de moi... je le vois d'ici... et me prenant la main : « Mon pauvre ami...

MADAME

Vous étiez fort à plaindre, en effet...

MONSIEUR

« Mon pauvre ami, tu te crois heureux et tu l'es; j'admets même que tu le seras. Combien de temps? qui sait? Huit jours, un mois, peut-être deux, peut-être trois...

MADAME

Il a dit *trois* ?

MONSIEUR

Il a dit *trois !* — « Mais un beau matin viendront les nuages, car il y a toujours des nuages, s'il n'y a pas toujours de pluie... On te demandera certains sacrifices qui n'ont pas l'air de coûter beaucoup... tes habitudes de jeunesse... tes petits défauts, tes anciens souvenirs... »
— Il parle bien, mon ami, n'est-ce pas ?

MADAME

Continuez ; je suis curieuse de voir si vous irez jusqu'au bout.

MONSIEUR

— « Enfin, dit-il, tu te réveilleras, décidé à tenir tête ; mais alors l'habitude sera prise, et tu perdras la bataille, aussi sûr que je m'appelle Raoul. Voilà. » Savez-vous ce que j'ai répondu ?

MADAME

(Lui mettant la main devant la bouche.)

Vous lui avez répondu qu'on ne vous demanderait rien qui ne fût parfaitement légitime !...

MONSIEUR

Vous croyez ?... Il y avait peut-être quelque chose de cela ; mais, franchement, les mots étaient autres...

MADAME, se levant.

Qu'importe, si le sens était le même. — Je vous laisse à vos réflexions, car vous avez juré.... (*Elle lève le doigt en signe de menace.*)

MONSIEUR

J'ai juré.

MADAME

Soupirez, mais ne vous parjurez pas... Adieu donc, ô le meilleur des maris (*riant*) et le plus désolé des fumeurs! C'est égal, avant huit jours, vous me direz merci... (*Elle sort.*)

SCÈNE TROISIÈME

MONSIEUR, la regardant s'éloigner.

Quelle enfant! et comme on voit bien que Mme de Châtenay sort d'ici!... (*Seul.*) Et maintenant préparons la revanche!... Si j'essayais de la battre avec ses propres armes... les comédies sont pleines de ces petits moyens-là... (*Il tourne le dos à la porte du fond et ne s'aperçoit pas qu'elle vient de s'entre-bâiller pour laisser passer la tête de Madame.*)... Nous trouverons cela tout à l'heure, en causant, car elle va revenir... c'est une fausse sortie, ou je ne m'y connais pas... Oui, mais ce bal, le premier de l'hiver, qui nous attend?... Ces choses-là ne doivent pas se remettre au lendemain... (*Tout en réfléchissant, il sort machinalement son papier de sa poche et se met en devoir de rouler une cigarette. La porte s'ouvre à moitié.*) Ce qui serait drôle, ce serait si Mme de Châtenay, avec son envie de brouiller les cartes, nous avait rendu service à tous les deux... (*Il allume une allumette et la tient à la main tout en parlant.*) Pour cela il me faut mon moyen... (*Madame s'avance sur la pointe du pied.*) Je crois bien que je ne serai pas long à le trouver ; mais il y faudra la prudence du renard... car elle est fine... et à la moindre imprudence... crac! (*Madame souffle l'allumette.*)

SCÈNE QUATRIÈME

MADAME

Crac! comme vous dites! Voilà donc vos serments!...

MONSIEUR. (Il jette sa cigarette dans la cheminée.)

Que voulez-vous? Ces habitudes-là ne se perdent pas tout d'un coup... Il faut du temps... beaucoup de temps... Mais j'obéis, comme vous voyez; je me soumets...

MADAME

On vous surveillera, monsieur. Je m'en vais monter la garde et tant pis pour vous s'il vous arrive encore de lever la consigne! Mais, à propos, ce bal... est-ce qu'on n'y va plus?

MONSIEUR

Nous avons le temps. (*S'approchant d'elle.*) Dites-moi, il me semble que vous n'avez pas assez remarqué le geste héroïque avec lequel j'ai jeté cette cigarette dans la cheminée....

MADAME, riant.

Vous voulez des éloges? Eh bien, soit!

Vous êtes mon lion superbe et généreux!...

Est-ce assez? Vous en faut-il encore?

MONSIEUR

Des éloges, non ; mais, en conscience, j'estime que toute peine mérite salaire et qu'une compensation...

MADAME, riant de plus belle.

Voyez-vous ce désintéressement! Vous êtes donc de ceux qui font le bien par calcul?

MONSIEUR

Et pourquoi pas, s'il vous plaît? La vie n'est-elle pas ondée sur le calcul, ou, pour mieux dire, sur l'échange?...

MADAME

Je ne vous savais pas si fort négociant.

MONSIEUR, riant.

Vous en êtes un autre !

MADAME

Par exemple !...

MONSIEUR

Des exemples ? en désirez-vous ? Vous serez servie à pleines poignées. Mais, malheureuse enfant, notre vie à nous deux n'est qu'un échange perpétuel ! (*D'un ton grave.*) Lorsque je vous souris, c'est parce que je suis sûr que vous me rendrez mon sourire. Et quel sourire !... Quand je m'accorde le bonheur de vous offrir un baiser, c'est parce que je m'attends à recevoir la monnaie de ma pièce. Et quelle monnaie !... De l'or pur ! des perles ! des diamants ! Et ainsi de suite...

MADAME

Si bien que, lorsque je vous demande de satisfaire à mes fantaisies, ou même de me faire un petit sacrifice comme celui de tout à l'heure...

MONSIEUR, vivement.

Je m'incline devant vos volontés...

MADAME, de même.

Avec l'arrière-pensée...

MONSIEUR, de même.

Que vous êtes trop loyale pour ne pas pratiquer avec moi la sainte méthode de l'échange.

MADAME

Soit! puisque les bons comptes font aussi les bons ménages, parlez! Je paie à caisse ouverte.

MONSIEUR

Permettez!... on n'improvise pas ainsi...

MADAME, vivement.

Réfléchissez! je vous donne carte blanche. Mais si, d'ici à la fin de l'hiver, vous n'avez découvert aucune de mes fantaisies à échanger contre la vôtre...

MONSIEUR, de même.

Je vous rendrai votre parole. N'allez pas seulement vous dédire, car, de mon côté, je me croirais délié de tout engagement.

MADAME

Vrai? Vous croiriez cela?

MONSIEUR

Sans aucun doute. Et alors (*gravement*) je me remettrais au cigare... oui, au cigare, et à la pipe que je ne peux pas souffrir... je ferais venir de Suisse de ces gros cigares, vous savez... grands comme ça, avec un tuyau de paille au bout...

MADAME, riant.

On dirait que vous parlez sérieusement... Et maintenant allez vous faire beau. Je veux être fière de vous au bal de Mme de Blerville...

MONSIEUR

Ah oui!... cet infortuné bal!...

MADAME

Infortuné... parce que je m'y amuse.

MONSIEUR.

En effet, quoi de plus amusant que de passer trois heures dans un salon surchauffé, pour y débiter des banalités sur la température comparée et la valse à deux temps !...

MADAME

Rien ne vous force à dire des banalités, convenez-en.

MONSIEUR

Mais si, mais si !... ces phrases sont dans l'atmosphère qu'on y respire... elles voltigent dans l'air comme des brins de duvet, et, bon gré mal gré, elles s'attachent à vous..... Vous-mêmes n'y échappez point toujours...

MADAME.

C'est peut-être parce que nous nous bornons généralement à vous répondre... — N'importe ! vous ne pensez pas un mot de ce que vous dites...

MONSIEUR

Croyez-vous ?... ce qu'il y a de certain c'est que vous n'auriez qu'à faire un signe, et nous resterions ici...

MADAME

Je vous vois venir... Ce bal, vous le subissez comme une corvée que ma fantaisie vous impose...

MONSIEUR

Je vous jure que je n'y songeais pas...

MADAME

Si, et la preuve c'est que, si vous y aviez pensé avec

quelque plaisir, depuis que vous êtes là devant moi, vous n'auriez pas manqué d'accorder un regard à ma première toilette de bal, à cet objet rare et charmant qui s'étale sur la causeuse...

MONSIEUR

Voyons... voyons cela... (*Il prend son lorgnon.*) Ma foi! c'est vrai que j'avais tort... elle est très-jolie, cette *jupe*, très-jolie...

MADAME.

Comment! une jupe? c'est ma robe que vous voulez dire...

MONSIEUR.

Permettez!... la toilette n'est pas mon fait; mais enfin, je ne suis pas tout à fait un sauvage... on dit *robe*, lorsqu'il y a un corsage, et *jupe*, lorsqu'il n'y en a pas... Il n'y a pas de corsage, donc c'est une jupe.

MADAME.

Pas de corsage?... que vous êtes donc amusant avec vos distractions!.. — Mais il y est le corsage!... le voilà!

MONSIEUR.

Tiens!... c'est vrai. (*Montrant avec la main.*) Grand comme ça pour les épaules... grand comme ça pour la poitrine!... — Ah! mais non; vous direz ce que vous voudrez; je maintiens que nous avons affaire à une jupe.

MADAME, d'un ton sec.

Soit. — Maintenant vous plaît-elle, cette jupe?

MONSIEUR.

Comment voulez-vous qu'elle me plaise, après ce que je viens de dire?

MADAME.

Quoi!... est-ce sérieux?

MONSIEUR.

C'est selon, car j'espère bien que vous ne la mettrez point...

MADAME.

Ma robe! Il ne manquerait plus que cela! Mais il n'y a pas une femme qui ne porte de ces robes aujourd'hui... c'est un usage général!...

MONSIEUR.

Non, non, et non! — C'est un usage général, dites-vous; soit, vous n'en aurez que plus de mérite.

MADAME.

Merci bien de ce mérite! je n'en veux pas... (*D'un ton radouci.*) Mais voyons, répondez-moi franchement. — Ne serez-vous point charmé, dans deux heures d'ici, quand vous entendrez chuchoter autour de vous... dans les groupes : « Quelle est donc cette jolie femme qui danse au bras de M. X? » et qu'on répondra : « Chut! voilà le mari... » Vous ne songerez plus à la mode alors, vous quitterez vos grands airs sérieux et vous vous direz tout bas : « Décidément, on ne saurait nier que cette mode n'ait du bon! »

MONSIEUR, avec une affectation de vivacité.

Moi!... — Mais je serai furieux tout simplement. —

Ces admirations me seront insupportables!... — Dites que je suis jaloux; que cela est ridicule... que cela ne s'avoue pas... Peut-être bien ; mettons que je sois jaloux !... je n'ai pas peur des mots; et...

MADAME.

Inutile d'achever. — De sorte que votre opinion est que je ferai mieux de ne pas aller à ce bal?...

MONSIEUR.

Je n'ai pas dit cela. — Ce n'est pas vous que j'ai critiquée, c'est la mode...

MADAME.

La mode et moi ne faisons qu'un, puisque je ne saurais me montrer sans une robe semblable à celle-ci...

MONSIEUR

Vous *montrer*... c'est le mot. — Je n'ai plus qu'à maintenir mon opinion.

MADAME

Enfin !... Pour le coup, nous y sommes! Il s'agit bien de ce pouvoir à discrétion que je vous ai si imprudemment confié... Il eût été délicat d'attendre quelque peu... mais enfin je suis prise et je ne me dédirai pas. Seulement nous voilà forcés de renoncer au bal, cet hiver; car je ne tiens pas à être montrée au doigt...

MONSIEUR

Comme je vous reconnais bien là! N'allez-vous point pousser les choses à l'extrême, pour une tirade un peu vive, assez ridicule, j'en conviens, et qui m'est échappée, je ne sais trop comment?... (*Se rapprochant d'elle.*) Mais non, il ne s'agit pas, cette fois encore, de notre convention. Et tenez, pour en finir, je vous rends votre parole. Est-ce clair?... (*Changeant de ton.*) Je confesse d'ailleurs que certains usages perdent singulièrement de leur gravité, par cela même qu'ils sont généralement reçus. (*Il sourit et la regarde.*) Vous entendez ce que je dis... *généralement reçus*...

MADAME, vivement.

Si j'entends! Mais c'est toute la question! Sans doute, ce qui paraîtrait condamnable chez une pauvre femme isolée devient tout naturel quand le monde accepte et approuve cette nouveauté... Nous voilà donc d'accord. Et maintenant que la paix est faite, oublions cette querelle et n'en parlons plus...

(Elle quitte la chaise longue pour aller s'asseoir devant une glace posée devant un guéridon, à droite de la scène, et s'occupe d'essayer des fleurs dans ses cheveux. Monsieur s'assoit derrière elle. Pendant le reste de la scène, elle continue de parler sans le voir. Un instant de silence.)

MONSIEUR

Eh bien, si; parlons-en! Vous venez d'avouer que ces usages reçus méritaient des égards par respect pour l'opinion du monde. Je voudrais maintenant avoir sur eux votre sentiment désintéressé. N'êtes-vous point d'avis qu'ils sont monstrueux parfois, mais qu'on les subit cependant, et avec assez de résignation, par cela seul qu'ils ont acquis droit de cité?...

MADAME, avec animation.

Comme vous parlez bien... et que j'ai plaisir à vous entendre!... Certes oui, qu'ils sont inconvenants, monstrueux, si vous voulez!... Je ne puis que battre des mains!... Ah! je me suis promis plus d'une fois de lutter contre le courant!... Mais que faire quand on est seule?...

Que peut une paille contre une rivière, un grain de sable contre un torrent?...

MONSIEUR

Très-bien! très-bien!

MADAME, du même ton.

J'ai l'air de prêcher; mais je veux tout vous dire... Oui, le courant est tel qu'on le subit bon gré mal gré... les remontrances n'y font rien... Et tenez, votre ton de tout à l'heure n'était pas celui qu'il fallait... Plus on critique ces défauts-là, plus leur victime s'y attache...

MONSIEUR

Vraiment ? Ainsi, quand je vous disais : « Luttez contre vous-même et contre les autres !... » je ne faisais que vous affermir dans votre parti-pris ?

MADAME, riant.

Hélas, oui! C'est affreux, mais c'est comme cela... On n'est jamais si entêtée que les jours où on est dans son tort. (*S'animant de plus en plus.*) D'ailleurs, sait-on comment ces modes font leur entrée dans le monde?... Mon Dieu, non... Le premier jour, personne n'en veut... Quelques aventureuses sont seules à se risquer... la majorité s'abstient... Le deuxième jour... dame! le deuxième jour, plusieurs ont suivi l'exemple... on commence à se dire en toute confidence : « Avez-vous remarqué comme la robe de Mme X*** lui va bien?... » Le troisième jour... tout le monde est d'accord... C'est un entraînement général... Oh! c'est absurde, je le sais bien...

MONSIEUR

Absurde... prenez garde, le mot est peut-être un peu vif...

MADAME

Je le maintiens... On suit en mouton de Panurge... C'est... comment dirai-je ?...

MONSIEUR

Ma foi, un usage reçu... Nous le disions tout à l'heure...

MADAME

C'est cela... un usage reçu... et de plus une tyrannie insupportable...

MONSIEUR

Aux maris ?

MADAME

Aux femmes aussi... Mais que voulez-vous ?... Le monde est fait ainsi... Personne n'y changera rien... il faut en prendre son parti...

(A la fin du dialogue précédent, Monsieur a tiré son papier à cigarettes de sa poche, et, tout en parlant, il s'est mis en devoir de rouler une cigarette. A la dernière phrase, il se lève, va de côté et d'autre, dérange les objets qui sont sur la table. Il a sa cigarette à la bouche.)

MONSIEUR, tout en se promenant.

Oui... c'est cela... vous dites bien... il faut en prendre son parti...

MADAME, se retournant à demi.

De quel ton dites-vous cela ?... Et qu'avez-vous à chercher ainsi ?...

MONSIEUR

Presque rien... mes allumettes, qui doivent être près de vous... sur ce guéridon... (*Riant.*) Pas de fumée sans feu !...

MADAME, se retournant brusquement.

Pas de fumée !... pas de feu !... Vos allumettes !...

MONSIEUR (Il la prend par la main, la conduit au divan et s'asseyant près d'elle.)

Calmez-vous, je vous prie. Nous disions donc que, le premier jour, personne n'en voulait... Très-vrai... Le premier jour... je me suis bien juré de ne plus y revenir, et Dieu m'est témoin que j'avais de bonnes raisons pour cela !... Le deuxième jour... j'avais dix-sept ans... quelques-uns de mes semblables s'étaient mis au-dessus de ces scrupules et, la contagion aidant, j'en vins à me dire : « Il faut que je me sois trompé... cette mode-là doit avoir du bon. »... Le troisième jour... j'avais vingt ans... c'était un entraînement général... Je suivis le courant... je fis comme les autres... Oh ! c'est absurde ! je le sais bien... C'est un usage reçu, c'est une tyrannie insupportable aux femmes et à bien des hommes aussi... (*Souriant.*) Mais que voulez-vous ?... le monde est ainsi fait... personne n'y changera rien... il faut en prendre son parti... (*Lui prenant la main.*) Et puis, vous savez, on n'est jamais si entêté que les jours où on est dans son tort...

MADAME (Elle se lève, prend la boîte d'allumettes et lui en présente une tout allumée.)

J'ai compris.

MONSIEUR, avant de prendre l'allumette.

Êtes-vous sincère ?... n'avez-vous aucun regret ?...

MADAME

Un seul... celui d'avoir suivi certains conseils qui, décidément, ne valent rien...

MONSIEUR

Je devine. (*Il prend l'allumette, l'éteint et la jette ainsi que la cigarette.*) Vous pensez bien que je ne fumerai pas ici...

MADAME

Merci. (*On frappe deux coups à la porte.*) Victorine... (*Debout sur le devant de la scène.*) Et maintenant allez vous habiller pendant que Victorine m'aidera à revêtir...

MONSIEUR, riant.

Votre jupe...

MADAME, levant le doigt en signe de menace.

Ma robe!

La toile tombe.

UN SALON D'ATTENTE

Comédie en un Acte

Par M. CHARLES EDMOND.

PERSONNAGES

SULPICE.
GONTRAN.
M. DE BOISFLEURY.
HERMANCE DE BOISFLEURY.
LA MARQUISE DE KERKAREC.
UN HUISSIER.

UN SALON D'ATTENTE

Salon d'attente au Ministère des Finances. Porte à droite et porte à gauche.

SCÈNE PREMIÈRE.

SULPICE *seul, puis* L'HUISSIER.

SULPICE assis, les yeux fixés sur le plafond. La pendule sonne deux heures; il se lève vivement, parlant avec un accent fortement méridional.

Deux heures! et arrivé à dix!... Il y a quatre heures que je croque le marmot!... J'ai même eu le temps d'en croquer plusieurs! (*Pause.*) Quand on a taillé ensemble les bancs du même collége, l'on a beau être devenu ministre des Finances, cela n'est pas une raison pour réduire ainsi ses camarades à l'état d'un meuble de salon d'attente!... Et dire qu'hier ç'a été encore pis! Je n'ai battu en retraite qu'après six heures de faction inutile!... Maudites heures, comment les exterminer! Elles qui, il y a peu de jours, filaient si vite à Castelnaudary!... Principal commis à l'enregistrement, section de comptabilité, je passais doucement la vie à enregistrer, à compter!..... Ah! que n'ai-je sous la main mes registres!... Rien!... pas même un bout de plume ni un chiffon de papier!... Un vieux petit compte, repris de mémoire, me ferait prendre patience!... Le tic-tac de cette sotte pendule pour toute distraction, et puis rien, rien, rien!... (*Il se jette dans un fauteuil.*) Voyons! si je vérifiais mon calcul d'hier! Ce serait toujours cela de gagné!... (*Examinant le plafond.*) Voici ma rosace. A nous deux! Quatorze palmes!... C'est bien quatorze?... Oui!... Chaque palme contient... une... deux... quatre... six, huit branches par côté... huit et huit, total seize. Chaque branche à son tour se divise en... ça se complique... en deux, six, neuf, quatorze, dix-huit... dix-huit et six, vingt-quatre... vingt-quatre et encore ces trois petites, vingt-sept... vingt-sept feuilles!... Parfait!... Opérer ainsi en l'air, tient vraiment du prodige!... Il est vrai que le calculateur, c'est moi!... Nous avons dit : vingt-sept feuilles...

(*Entrée de l'huissier qui vient arranger le feu. Sulpice fait un bond.*). Le malheureux!... Il me la coupe au bon moment! (*A l'huissier.*) Voyons, mon ami, en ai-je encore pour longtemps?

(L'huissier, la tête dans la cheminée, répond par un geste expressif qu'il n'en sait rien.)

SULPICE, avec autorité.

Quand je vous appelle « mon ami », cela n'est pas pour abuser d'un mot banal. Il ne tient qu'à vous d'en ressentir les plus heureuses conséquences. Mieux que personne, je puis, au besoin, vous être utile auprès du ministre. Il est mon camarade de collége, il s'est souvenu de moi, il m'a laissé venir à Paris, le tout pour me combler, pour m'accabler de ses bienfaits. Il me tutoie!...

L'HUISSIER, dans la même posture.

Moi aussi. Pas plus tard que ce matin, il m'a dit : « Laurent, tu ne seras jamais qu'un imbécile. »

SULPICE, vivement.

Connaissance profonde des hommes! c'est par là qu'ont brillé les grands ministres, Richelieu, Colbert; de nos jours, Trifouillou, Beauminet et tant d'autres!.. (*Se reprenant.*) Inventez donc un prétexte pour pénétrer dans son cabinet! Insinuez-lui que je suis toujours là, moi, son ami, son copain, Sulpice Bartel...

L'HUISSIER

Il a lu votre nom sur mon ardoise, M. Supplice...

SULPICE, l'interrompant.

Sulpice est mon nom; supplice est ce que j'endure ici! (*Se reprenant.*) Allons! un brin d'inspiration et enlevez-moi à bras tendu cette audience!

L'HUISSIER

N'ayez crainte! vous passerez à votre tour. Son Excellence est jusqu'au cou dans les plus graves affaires. Si vous la voyiez!... La tête lui en fume!

SULPICE

Un volcan!... ou plutôt cette cheminée depuis que vous l'agacez si mal à propos.

L'HUISSIER, se redressant et d'un air superbe.

Je connais mon métier, Monsieur! je le connais!... (*Il sort.*)

SULPICE, seul se jetant dans un fauteuil.

Mort et damnation!... J'en ai encore pour deux heures au moins!... Reprenons notre calcul! Où en étais-je?... Le chiffre!... le chiffre!... L'aurais-je oublié?... Faudra-t-il tout recommencer?... Du calme!... Quatorze palmes, avons-nous dit, et dans chacune vingt-cinq feuilles par branche... (*Entrée vive de Gontran, à qui l'huissier vient d'ouvrir la porte.*)

SCÈNE DEUXIÈME

SULPICE, GONTRAN.

GONTRAN se frotte les mains sans apercevoir Sulpice; en fredonnant :

Je le tiens, mon parrain!... je le tiens, mon parrain!... mon parrain, je le tiens!... (*Il se jette sur la chaise où Sulpice avait déposé son chapeau*).

SULPICE, bondissant.

Miséricorde!...

GONTRAN, levé et contemplant son œuvre.

Un Gibus!... du premier coup!

SULPICE

Une galette!

GONTRAN

Ah! monsieur, vous me voyez navré, exaspéré contre moi-même! laissez-moi vous offrir mes excuses! Vous me le permettez, n'est-ce pas? Votre regard, la noble expression de vos traits, votre personne tout entière me rassurent. Ils trahissent la douceur, l'aménité, une indulgence sans fond! Vrai, je suis désolé!

SULPICE

Et moi donc!... Un chapeau tout neuf!

GONTRAN

Un coup de fer et il n'y paraîtra guère. Je vous conduirai chez mon chapelier... à deux pas d'ici.

SULPICE, désarmé.

Vous êtes bon enfant, vous. Touchez là ! (*Il lui donne la main.*)

GONTRAN

Dites maladroit, brutal ! Et cela un jour où mon cœur déborde, où je n'aurais pas voulu faire éternuer une mouche ! Au contraire !... Il m'arrive un si grand bonheur ! Je serais si heureux d'en distribuer autour de moi la monnaie ! Et tenez, cher Monsieur, vous étiez ici pour affaires, vous attendez l'audience. Puis-je vous être utile auprès du ministre ? Disposez de moi ; je suis son filleul.

SULPICE

Et moi son camarade de collége. Il me tutoie.

GONTRAN

Tous deux alors nous sommes de la maison. Comment se fait-il que je ne vous aie jamais rencontré aux réceptions ?

SULPICE

Je ne bouge pas de Castelnaudary, où je suis premier commis à l'enregistrement. Je n'avais jamais songé à venir à Paris, lorsqu'un beau matin, *La Borne*, journal de la Préfecture, nous apprit l'élévation de mon ancien camarade au poste de ministre des Finances. Je n'en fus point surpris ; sur les bancs du collége, la future Excellence avait déjà l'habitude d'emprunter à chaque instant quelque chose à ses petits amis. Le hasard voulut que le même jour, je fusse en proie à un de mes accès de congestion plus lancinants que d'ordinaire, et contre lesquels le rond sur lequel je m'installe, avait depuis longtemps fini par n'être qu'un palliatif dérisoire. Je me transportai non sans peine chez mon médecin. « La vie sédentaire, « me dit ce prince de la science, vous tuera. Tâchez de « vous procurer un régime d'exercice, de circulation in- « cessante, et vous êtes sauvé. » Quelques instants après une inspiration de génie me déblayait la voie du salut. Un poste dans les douanes devenait vacant, poste militant, pédestre et équestre, jamais assis. C'était mon affaire. Une nuée de concurrents se précipita à la curée. L'administration, la magistrature, l'armée, les députés, le clergé, chacun présentait son candidat. Je n'avais pour moi qu'un camarade de collége, mais ce camarade était ministre ! Je lui écrivis ; il me permit de venir déposer à ses pieds ma supplique, et me voici. L'affaire doit se décider aujourd'hui, dans la journée. Demain matin, ce soir même, il serait trop tard. Depuis trente ans que nous nous sommes perdus de vue, le grand homme ne m'a pas oublié ! Et il me recevra à bras ouverts, j'en ai la ferme conviction. N'est-ce pas votre avis, à vous qui le connaissez mieux, qui êtes son filleul ?...

GONTRAN

Mon parrain est un homme *chic* dans toute l'immensité du terme.

SULPICE

Il chique ?...

GONTRAN

Cela veut dire un homme absolument parfait.

SULPICE

Je l'avais bien compris. Histoire de lancer son petit mot. Le français élégant, panaché, on en pince aussi bien à Castelnaudary qu'à Paris. Vous disiez?...

GONTRAN

Je disais que mon parrain était un homme plus que parfait. Du génie en affaires, de la grâce en société, et avec cela, malgré ses vastes préoccupations, toujours le mot pour rire.

SULPICE

Au collége, c'était déjà un farceur hors concours.

GONTRAN

Portefeuille et gaieté, telle est sa devise. Jugez-en plutôt. A l'époque où on l'avait bombardé ministre, j'étais justement en train de subir une formidable crise...

SULPICE

Une maladie?...

GONTRAN

Pis que cela. Une déveine carabinée! Dans l'espace de deux ans, à la suite d'une foule de placements malheureux... Ah! les femmes de Paris!... Si vous les connaissiez!...

SULPICE

Je le voudrais bien.

GONTRAN, continuant.

Ajoutez à cela des paris à rebrousse-poil aux courses, plus une guigne au baccara comme on n'en avait pas vu depuis la création du monde ; bref, ma fortune tombée en proie à une meute d'insatiables créanciers! Oui, monsieur! insatiables est le mot. A l'heure qu'il est, non contents de m'avoir désossé, ils me traquent encore, ils hurlent après mes chausses! Où donner de la tête? Il fallait pourtant vivre. Mon parrain ayant escaladé un des principaux sommets du pouvoir...

SULPICE

Dites, le principal!

GONTRAN

Je dis le principal... un nouvel horizon s'ouvrit devant moi. Abandonnant la route battue des plaisirs, pour le sentier aride du devoir, j'ai arrêté le projet de servir mon pays.

SULPICE

C'est beau, c'est digne. Continuez...

GONTRAN

Oui, servir mon pays, mais à charge de revanche de la part du gouvernement. Mon parrain tenait les clefs de la caisse, c'est donc à lui que j'ai héroïquement formulé ma demande d'emploi. Il fut d'abord pétrifié. Peu à peu, il reprit ses sens et proféra le discours suivant : « Vos inten-
« tions, ô Gontran, méritent un éloge sans réserve. Pour les
« réaliser seulement, j'entrevois une difficulté qui, à pre-
« mière vue, me paraît insurmontable. Depuis votre ber-
« ceau, il vous a manqué deux choses : la volonté et
« l'aptitude. Vous n'avez pas travaillé, et conséquemment,
« n'avez rien appris. A quoi êtes-vous propre? de quel
« emploi désirez-vous être investi?... Vous l'ignorez tout
« le premier... Si je suis dans l'erreur, essayez de m'en
« convaincre. Cherchez vous-même, inventez les fonctions
« que vous seriez capable de remplir! Le jour où vous les

« aurez découvertes, je vous promets de signer à l'instant
« votre arrêté de nomination. »

SULPICE

Quel homme prodigieux!...

GONTRAN

Ah! je ne vous dissimulerai pas qu'il m'a donné du fil à retordre. Pendant deux mois, je me suis livré à une chasse opiniâtre dans tous les recoins de son ministère. Toujours buisson creux, toujours bredouille! Avant-hier, au moment où je m'y attendais le moins, moi aussi, comme vous, je fus illuminé d'une inspiration soudaine. J'avais enfin déniché le merle blanc! Je le tiens, et compte à l'instant le présenter à Son Excellence, en échange de sa signature, à brûle-pourpoint.

SULPICE

Serait-ce indiscret?

GONTRAN

Pas du tout. C'est tout simplement une mission.

SULPICE

Où cela?...

GONTRAN

A la Havane.

SULPICE

En quelle qualité?...

GONTRAN

Dégustateur de cigares.

SULPICE

Diable!

####### GONTRAN

La régie achète tous les ans à la Havane des quantités énormes de tabac. Elle y envoie à cet effet des experts, des connaisseurs de premier ordre. Or, tel que vous me voyez, les yeux fermés, je vous distingue un londrès d'un panatellas, un régalia d'un trabucos, que c'est une bénédiction ! De plus, une trentaine de cigares à déguster par jour ne me font pas peur. C'est mon parrain qui va être surpris !

####### SULPICE, lui tendant la main.

Mes compliments ! Touchez là encore ! Contributions indirectes et douanes, nous naviguons de conserve.

####### GONTRAN

Et dans une heure nous allons hisser toutes nos voiles ! Ah ! un mot ! un bon conseil !... Puisque c'est vous qui pénétrez le premier, ayez soin dans la conversation avec le ministre de lui glisser que son filleul, Gontran de Fishtaminel, votre ami, entendez-vous, votre ami, est là à faire pied de grue dans le salon. Cela ne pourra pas vous nuire; croyez-moi !

####### SULPICE

C'est entendu. De votre côté prenez la peine d'insinuer à Son Excellence que votre ami, attendez donc, vous ne connaissez pas mon nom, que votre ami, Sulpice Bartel, vous espère dans le salon pour le conduire chez le chapelier. Je ne vous dis que ça !... (*Entrée solennelle de la marquise de Kerkarec. L'huissier l'introduit.*)

SCÈNE TROISIÈME

SULPICE, GONTRAN, LA MARQUISE.

LA MARQUISE, d'un ton d'autorité à l'huissier.

Passez-lui ma carte, vous dis-je. La marquise de Kerkarec. Il ne serait pas ministre, s'il ignorait à quelle maison, en ma personne, il a affaire.

L'HUISSIER

Je vais transcrire votre nom, madame, sur mon ardoise. C'est le règlement.

LA MARQUISE

Il me semble, Dieu me pardonne, que vous me répondez. Conformez-vous à mes paroles et pas d'observations. (*L'huissier la tête basse entre chez le ministre. La marquise à Sulpice et à Gontran.*) Ce maraud a été nourri, mais pas élevé. Il ne se doute pas que lorsqu'on a du monde comme vous me paraissez en avoir, messieurs, on bénit l'occasion qui vous permet de faire acte de courtoisie envers une femme. Vous ne consentiriez jamais à passer avant moi?...

GONTRAN

Certainement, madame... à moins que des circonstances...

SULPICE, achevant.

Fort impérieuses ne nous missent dans la nécessité...

LA MARQUISE, vivement.

Merci. Je ne m'attendais pas à moins de votre galanterie. Du reste, je n'abuserai pas de votre patience. Une petite heure me suffira, et au delà, pour en finir avec le ministre...

GONTRAN

Une heure!...

SULPICE, à part.

Elle est sourde!... (*Criant.*) Voilà deux jours, madame, que je guette une minute d'audience... une minute, pas davantage!...

LA MARQUISE

J'entends bien. Des affaires personnelles! question de faveur, d'avancement qui ne regarde que vous...

GONTRAN, à part.

Sourde... comme un pot à tabac! (*Criant.*) Je suis à la veille de m'embarquer... pour la Havane!

LA MARQUISE

Oui, arrivée de ce matin, et ce soir même je repars pour Quimper. Le temps d'accomplir une bonne action et de sauver l'honneur de mon pays.

GONTRAN, frappé d'une idée.

Cette vénérable dame fume!... La Régie seule peut susciter une aussi noble indignation!...

SULPICE, criant.

J'ai une foule de concurrents à mes trousses. Une minute de retard peut me perdre!

LA MARQUISE, à Sulpice.

Cela vous étonne? Eh bien, oui monsieur, sauver l'honneur du pays, et grand Dieu! avec si peu de chose : un modeste bureau de tabac!

GONTRAN, criant.

Attendez que je sois arrivé à la Havane ; je vous expédierai des cigares, garantis et dégustés !...

LA MARQUISE, à Gontran.

Oh! ce n'est point un secret. Oui, un bureau de tabac, il n'en faut pas davantage pour tirer de la misère le dernier rejeton d'une illustre race royale. Les ancêtres du prince Popoca ont jadis régné sur le Mexique. Il serait trop long de vous raconter par suite de quels bouleversements, de quelles horreurs, — hélas! nous en avons vu bien d'autres chez nous! — le prince Popoca, grâce au dévouement de sa nourrice, une négresse pourtant, échappa au glaive des sicaires et fut conduit en France. Fier, comme il sied aux produits des races souveraines, il n'implora l'appui de personne. Fidèle à sa devise « Dieu et mon droit, » il vécut de son travail, et, observant le plus strict incognito, il daigna en dernier lieu tenir un débit de sardines à Quimper, rue des Récollets. Mais la fortune se montra jusqu'au bout animée envers lui de sentiments subversifs. Peu avant la pêche de cette année, l'Anglais, l'étranger perfide, attira vers lui la sardine, et Son Altesse se trouva réduite aux abois. Des créanciers saisirent le peu qui lui restait : quelques hardes, onze boîtes en fer-blanc, et des papiers révélant son auguste origine.

GONTRAN

Des créanciers !... lui aussi !...

SULPICE, criant.

Et vous voudriez replacer Popoca sur le trône de ses aieux?..

LA MARQUISE

En effet, la nourrice est morte ; il est seul au monde. En attendant que ses sujets, revenus à résipiscence, et prosternés à ses pieds, lui rendent la pourpre et le diadème, il lui faut du pain, le pain quotidien, au besoin hebdomadaire. Un comité formé de plusieurs dames charitables s'est réuni pour aviser. Il expédia au prince Popoca une députation avec ordre de pressentir de quelle façon nous pourrions lui être utiles. La réception fut majestueuse. Son Altesse, avec cette noble discrétion qui distingue les hommes de haute lignée, déclara qu'elle réclamait avant tout d'être réintégrée dans ses droits traditionnels, mais, à défaut d'iceux, qu'elle se contenterait pour le moment d'un bureau de tabac. J'ai eu l'honneur d'être choisie à l'unanimité pour aller négocier cette affaire avec le ministre.

GONTRAN, criant.

Son Altesse, en débitant rien que des régalias, ne dérogerait point.

LA MARQUISE, indignée.

Une faveur!... vous appelez une faveur ce qui n'est qu'un misérable à-compte sur une detté sacrée que la France doit à ses traditions, à ses principes, au rang qu'elle tient dans le monde!... Une faveur!... c'est plutôt ce descendant légitime d'une race royale qui nous la rend, en daignant agréer nos services, en nous permettant d'affirmer une fois de plus que nous n'avons pas dégénéré de nos pères et que l'avenir est à nous! Et le ministre, s'il est quelqu'un, sera de mon avis. N'en doutez point ! Vous m'attendez ici ; c'est convenu. A ma sortie, vous serez libres de vous réjouir du succès de ma démarche.

GONTRAN, criant.

Nous nous en réjouissons par avance !

SULPICE, criant.

Et cela nous suffit !

LA MARQUISE

Je ne vous refuse pas un mot d'appui auprès du ministre. De quoi s'agit-il ?

GONTRAN

Un instant !... (*Il tire vivement son calepin, écrit quelques mots et les présente à la marquise.*)

LA MARQUISE

Que veut dire ceci ?...

GONTRAN, criant.

Lisez !... lisez !...

LA MARQUISE, lisant.

« Demande passer mon tour. Suis pressé. »

SULPICE, avec force gestes.

Moi aussi !

LA MARQUISE

J'aurai donc parlé à des sourds !... Et moi qui m'époumonne depuis une heure !... (*Criant.*) Votre servante, messieurs ! Pas n'est besoin de discuter davantage ! Le ministre en homme bien élevé, au courant des préséances, saura quelle est la personne qu'il doit recevoir avant toutes les autres ! Or, je lui ai fait passer mon nom.

*(Entrée de l'huissier. Pendant que la marquise se dirige vivement vers lui, Gontran et Sulpice empoignent deux chaises et s'installent chacun d'un côté de la porte d'entrée chez le ministre.)

LA MARQUISE, à l'huissier.

Que vous a dit Son Excellence?

L'HUISSIER

Rien pour le moment. Son Excellence est jusqu'au cou dans des affaires extrêmement graves. (*Il sort.*)

LA MARQUISE, à Sulpice et à Gontran, criant.

Vous l'avez entendu? Je passe la première. Le monde jusqu'ici n'est encore que bouleversé, et il faudrait en vérité qu'il fût renversé de fond en comble.

(Entrée d'Hermance.)

SCÈNE QUATRIÈME

LES MÊMES, HERMANCE DE BOISFLEURY.

(En apercevant Gontran, elle rabat la voilette de son chapeau.)

GONTRAN, qui avait déjà reconnu Hermance, se lève et court à elle.

Madame de Boisfleury!... Quel heureux hasard!...

La marquise se précipite vers la chaise abandonnée par Gontran et s'y installe, en jetant des regards menaçants à Sulpice.)

GONTRAN, à Hermance avec un sourire galant.

Pas en solliciteuse, j'espère?... Ici comme partout, vous n'avez qu'à donner des ordres...

HERMANCE, troublée.

Si... une affaire de famille... m'oblige...

GONTRAN, vivement.

Les oreilles ont dû joliment vous tinter ce matin?...

HERMANCE

A quel propos?...

GONTRAN

J'ai déjeuné avec Arthur de Saint-Phar... N'est-il pas un peu votre cousin?...

HERMANCE

Non... oui... c'est-à-dire parent fort éloigné... par alliance...

GONTRAN

Il n'a fait que parler de vous. Pauvre garçon! il se consolait en récitant des dithyrambes suaves en votre honneur.

HERMANCE

Consolait... de quoi?..

GONTRAN.

Vous ne savez donc pas?... Lui, le Parisien à outrance, forcé de quitter Paris, de s'exiler au loin, dans une triste ferme de la Camargue! Ses affaires le lui commandent.

HERMANCE

Il regrette Paris?....

GONTRAN

Et autre chose encore! Mais ceci est un secret...

HERMANCE

Je vous écoute...

GONTRAN, à mi-voix.

Arthur se meurt d'amour, mais il serait bien aise de ne mourir qu'à Paris.

HERMANCE

D'amour... Pour qui?..

GONTRAN

Qu'en sais-je!... Il est discret comme une tombe, et malheureux comme une pierre... également sépulcrale.

HERMANCE, tordant son mouchoir et à part.

Il ne partira pas!

GONTRAN, continuant.

Un instant il avait rêvé de pouvoir respirer le même air que son idole. C'est tout ce qu'il ambitionnait... pour le moment...

HERMANCE

En vérité!...

GONTRAN, continuant.

Il caressait l'idée d'obtenir une petite recette particulière à Saint-Denis...

HERMANCE, à part.

Il l'aura.

GONTRAN, continuant.

Mais il paraît qu'une file interminable de candidats, appuyés par toutes les puissances de la terre, fait déjà queue à la porte du ministère.

HERMANCE, vivement.

Qu'importe!...

GONTRAN

Vous dites, madame?...

HERMANCE, se reprenant.

Je dis que vous me surprenez beaucoup. M. de Saint-Phar ne nous a jamais parlé de son projet. Il se sera apparemment rendu compte de l'inutilité d'une tentative de sa part.

GONTRAN

Il a eu grand tort de n'en parler à personne... Que diable! on a des amis! Moi le premier je lui eusse offert mes services. Le ministre est mon parrain. Il me veut du bien, et aujourd'hui même il doit m'en fournir la preuve. Tenez! dans une minute je compte le voir. Si j'en profitais pour lui exposer carrément la demande d'Arthur!.. Qu'en pensez-vous?...

HERMANCE

Vous a-t-il autorisé à parler en son nom?...

GONTRAN

Ce serait pour lui une surprise.

HERMANCE

Gardez-vous-en!... Il se peut que votre ami ait déjà chargé quelqu'un de présenter sa demande, dans un certain sens... de s'assurer par exemple d'abord des dispositions du ministre...

GONTRAN

Vous croyez?...

HERMANCE

Je n'en sais rien... une idée qui me passe par la tête...

GONTRAN

Vous pourriez avoir raison...

(Entrée de Boisfleury.)

HERMANCE, l'apercevant et à part.

Mon mari!... Je suis perdue!...

SCÈNE CINQUIÈME

LES MÊMES, BOISFLEURY.

BOISFLEURY

Ma femme!... (*L'entraînant dans l'embrasure d'une fenêtre.*) Corbleu, madame! que faites-vous ici?...

HERMANCE, troublée.

Moi...

BOISFLEURY

N'est-ce pas vous que j'interpelle?...

HERMANCE, de même.

Cette question...

BOISFLEURY

Me paraît fort simple...

HERMANCE, cherchant.

Vous voulez savoir...?

BOISFLEURY

Absolument.

HERMANCE, de même.

Eh bien!... devinez...

BOISFLEURY

Cette plaisanterie!...

HERMANCE, souriant.

Cela n'est pourtant pas difficile.

BOISFLEURY, radouci.

Quoi donc?... (*Après réflexion.*) Au dernier bal de l'Hôtel-de-Ville, le ministre nous avait comblés de ses attentions..... Vous surtout...

HERMANCE

Vous brûlez...

BOISFLEURY

Pendant que j'étais en train de causer avec le syndic des agents de change, ne vous a-t-il pas dit, à mi-voix, que si jamais il pouvait vous être utile ou agréable, il serait heureux de se mettre à votre disposition?...

HERMANCE, vivement.

Vous l'avez entendu?...

BOISFLEURY

J'ai des oreilles de lynx.....

HERMANCE

C'est vrai. Il a été on ne peut plus aimable.

BOISFLEURY

Vous venez alors pour vous convaincre si sa bonne volonté résistera à l'épreuve? Mais à quel propos?...

HERMANCE, cherchant.

A quel propos...

BOISFLEURY

Oui.

HERMANCE, vivement.

N'avons-nous pas des parents qui ne sont pas heureux?...

BOISFLEURY, sentencieux.

Personne ne l'est en ce monde, surtout ceux qui à leurs propres infortunes ajoutent les malheurs des autres.

HERMANCE

Si pourtant on peut leur venir en aide...

BOISFLEURY

Par de bons conseils, je ne dis pas.....

HERMANCE

La pauvre Gudule, une Boisfleury, à ce qu'elle préend...

BOISFLEURY, vivement.

Distinguons! Boisfleury, tout sec; pas DE Boisfleury!

HERMANCE, continuant.

Vous savez qu'elle a perdu son mari qui a été employé

à l'octroi, et qu'aujourd'hui on lui refuse une pension, ou plutôt qu'on la réduit à un chiffre désolant.....

BOISFLEURY, vivement.

Et c'est pour quémander en faveur d'une pauvresse qui nous humilie avec ses prétentions à notre parenté que vous venez molester le ministre !...

HERMANCE

Puisqu'il m'a offert lui-même ses services.....

BOISFLEURY, de même.

Il vous les a offerts à vous..... pour vous, et pour moi !... Et c'est lorsque j'ai besoin de tout son appui que vous allez user sa bonne volonté au profit du premier venu !... Corne de bœuf! elle est trop forte celle-là !...

HERMANCE

J'ignorais.....

BOISFLEURY

Il fallait me prévenir!... Je vous eusse initiée à mes projets à moi, qui sont immenses !.....

HERMANCE

Des projets !...

BOISFLEURY

Un projet qui à lui seul sauve la France, et du même coup fait ma fortune! Le pays étouffe, il agonise sous la charge de sa dette publique. J'ai trouvé le moyen de la lui alléger. En réduisant l'intérêt de la rente. (*Tirant un pli de sa poche.*) Voici l'exposé dans tous ses détails! Opération fort simple ; je me charge de la mener à bonne fin... moyennant une légère commission. Au ministre maintenant d'adopter mes idées, de se passionner pour elles !... Comprenez-vous ?...

HERMANCE

Pas grand'chose...

BOISFLEURY

Puisque vous voilà ici, nous pénétrerons ensemble chez Son Excellence ! Vous serez censée lui faire une visite de politesse, et n'aurez qu'à m'écouter...

HERMANCE

Que j'assiste, moi, à une discussion sur les finances, entre vous et le ministre !... Cela serait tout bonnement ridicule.

BOISFLEURY

Une femme, au bras de son époux, n'est jamais ridicule.

HERMANCE

Permettez-moi de me retirer; je reviendrai seule... un autre jour.

BOISFLEURY

D'accord, mais aujourd'hui vous resterez. Qui sait si cela n'est pas ma chance... une chance... d'homme né coiffé qui vous a conduite ici !

HERMANCE

Laissez-moi partir... je vous en supplie !.. (*Elle se dirige vers la porte.*)

BOISFLEURY, la poursuivant.

Hermance ! écoute la voix de la raison !... du devoir !...

En ce moment, la porte s'ouvre à deux battants. Un monsieur grave et vêtu de noir, cravaté de blanc, un énorme portefeuille sous le bras, suivi de l'huissier qui l'accompagne, l'échine courbée, entre majestueusement. Il promène un regard hautain sur les assistants et pénètre dans le cabinet du ministre. La porte une fois refermée, tout le monde se précipite vers l'huissier.)

LA MARQUISE, à l'huissier.

Un quidam qui ose prendre le pas sur moi !

SULPICE, à l'huissier.

Depuis deux jours que je sèche sur pied !...

GONTRAN, à l'huissier.

Pareille humiliation, infligée à moi, le filleul !..

BOISFLEURY, à l'huissier.

Quel est donc ce monsieur qui s'introduit ainsi sans façon ?

L'HUISSIER

Ce monsieur, c'est le nouveau ministre... l'Excellence toute neuve... le successeur de l'ancien.

GONTRAN.

Et mon parrain ?...

L'HUISSIER

Dégommé, depuis cinq minutes... Il a filé par l'escalier de service.

SULPICE

Miséricorde !...

GONTRAN

Malédiction!...

SULPICE

J'aurais dû m'en douter. Cancre il a été au collége, cancre il restera toute sa vie! (*Brandissant aux yeux de Gontran son chapeau aplati.*) En avant chez le chapelier!...

GONTRAN

Quitte à déguster ensuite un infime cigare de la régie.

HERMANCE, à part.

Arthur quittera Paris. Cela vaut peut-être mieux...

BOISFLEURY

Allons! l'hydre des révolutions relève la tête!...
(*Tous, la tête basse, sortent processionnellement. Restent seuls la marquise et l'huissier.*)

LA MARQUISE

Ils ont compris qu'ils devaient me céder la place. (*A l'huissier, lui donnant une petite pièce de monnaie.*) Rappelez encore mon nom au ministre!...

L'HUISSIER, empochant la pièce.

Son Excellence ne reçoit pas aujourd'hui...

LA MARQUISE

Puisqu'il ne s'agit que de quelques minutes, j'attendrai.
(*Elle s'installe dans un fauteuil. L'huissier fait un geste de désespoir. Entrée violente de Sulpice.*)

SULPICE, à l'huissier.

Tron de l'air!... Mais je le connais, votre nouveau ministre, et mieux encore que l'ancien ! Ce doit être le même à qui mon beau-frère Cazaban vend de l'huile !... Prévenez-le que c'est bien lui que j'espère ici depuis deux jours !... (*Il se jette dans un fauteuil.*)

L'HUISSIER, sortant et à part.

Si j'allais chercher la garde !...

La toile tombe.

TABLE

Préface de M. E. Legouvé de l'Académie française. . . vii
Ma fille et mon bien, par M. E. Legouvé. 1
Paturel, par M. H. Meilhac. 53
Le monde renversé, par M. H. de Bornier. 97
La soupière, par M. E. d'Hervilly. 127
Autour d'un berceau, par M. E. Legouvé. 149
Les petits cadeaux, par M. J. Normand. 163
Silence dans les rangs, par M. E. d'Hervilly. . . . 193
La fleur de T'lemcen, par MM. E. Legouvé et P. Mérimée. 225
Avant le bal, par M. Prosper Chazel. 279
Un salon d'attente, par M. Charles Edmond. . . . 303

www.ingramcontent.com/pod-product-compliance
Lightning Source LLC
Chambersburg PA
CBHW060454170426
43199CB00011B/1200